*Wine Sommelier*

# 소믈리에 개론

저자 최인섭

현우사

# 서문

와인은 오랫동안 우리 문화와 삶의 일부로 자리 잡았다. 떼루와와 포도나무의 결과물인 와인의 맛과 아로마는 우리의 숨은 감각을 자극하고, 우리를 다양한 문화와 역사의 심포지엄으로 안내한다. 이 책은 와인에 대한 지식을 넓히고, 즐거움을 더하며, 소믈리 직업과 와인에 대한 새로운 발견을 제공하기 위해 만들어졌다.

와인은 단순한 음료를 넘어, 인류의 지리 · 역사와 문화, 미식을 아우르는 종합 예술이다. 와인의 다양성과 구세계와 신세계 와인 산지의 역사 그리고 문화 지리를 탐험하고, 자신만의 와인 취향을 발견하는 기쁨을 즐길 수 있는 지식을 제공하고자 한다.

저자는 와인과 오랜 기간 조우하면서 와인과 인간의 삶에는 흥미로운 공통점들이 있다고 생각한다. 와인과 인생은 시간이 흐르며 성장하고 깊이를 더해가는 여정을 공유하며, 포도나무가 떼루와 영향을 받듯 인간도 주변 환경과 문화의 영향을 크게 영향받으며 형성된다. 각 지역의 와인과 품종은 고유한 특성을 가지며, 사람도 저마다 자기가 속한 커뮤니티의 독특한 개성을 지닌다. 샴페인에 적포도와 청포도의 3가지 다른 성격의 품종이 블렌딩 되어 아름다운 스파클링 와인이 탄생하듯 인생도 다양한 요소들이 조화롭게 섞이며 어우러져 풍부한 결과물을 만들어낸다. 끝으로, 와인은 적절한 온도와 습도가 유지되는 공간에 보관이 필요하고, 와인과 인생 모두 최상의 상태를 유지하기 위해서는 세심한 관리와 주의가 필요하다.

본 저서는 Q&A 방식을 학습자의 능동적 학습 진행과 흥미 유발에 따른 지속적 학습 동기을 유도하고자 사용하였다. 미래 소믈리에가 알아야 할 소믈리에의 자질과 와인학에 대한 아주 기초적인 지식부터 와인의 선정과 테이스팅 요령, 포도 품종의 특징과 아로마, 구세계 및 신세계 지역의 국가별 와인 환경을 둘러싼 지리 · 역사와 문화 등 주요 와인 생산지 등에 대한 핵심적인 내용을 기술하였다.

우리는 이 책을 통해 와인의 매력적인 세계로 여행할 것이다. 와인의 신비로운 이야기를 듣고 테이스팅하며, 그 미묘한 맛과 향을 발견하는 즐거움을 경험할 것이다. 와인은 소통과 공유의 기회를 제공하는 매개체이다. 와인의 세계를 이 책을 통해 새로운 경험과 인연을 만들기를 바란다.

끝으로 바쁘신 가운데서도 성심껏 본서가 출간되도록 많은 협조와 도움을 주신 도서출판 현우사 배영환 사장님을 비롯한 관계 직원분들에게 감사드린다.

2024.08
저 자 씀

# 목 차

## CHAPTER 1 소믈리에의 등장과 와인의 탄생



## CHAPTER 2 포도품종(Cépage) 탐험

## CHAPTER 4 와인병과 글라스의 비밀



## CHAPTER 5 와인 음용 온도와 서빙 가이드

## CHAPTER 8 신세계 와인 여행

# 1

# 소믈리에의 등장과 와인의 탄생

# 1. 와인의 마법사 소믈리에 유래와 역활

## 1) 소믈리에(Sommelier)의 탄생

**Q:** **소믈리에(Sommelier) 어휘의 어원과 의미 그리고 직업적 탄생과 변천은?**

**A:** - 불어사전에는 "저택, 호텔, 기숙사 따위의 (①　　　)", "카페 또는 레스토랑의 주류 담당 직원"
- 어원을 보면 고대 불어인 "Bête de Somme"에서 유래
- '짐을 나르는 짐승'을 의미
- '짐을 나르는 사람'이란 뜻으로 확대되며 소믈리에(Sommelier)라는 단어 탄생
- 이 단어는 점차 전문용어가 되어 공식적으로 프랑스 왕실의 짐을 운반하는 직책
- 중세 시대에는 영주의 짐을 말에 싣는 임무를 맡은 장교
- 세탁, 식품 저장, 지하 저장고를 관리하는 사람을 지칭
- 혁명 이전 왕궁에서 소믈리에는 식탁을 차리고 와인과 음식을 준비하는 직종
- (②　　) 이후 일자리를 잃은 궁전의 쉐프들과 소믈리에들에게 귀족들의 창업 지원
- 20세기 파리 소믈리에 조합 결성과 오늘날과 같은 전문 직업으로 발전

Sommelier

출처: https://sanfranciscowineschool.com/

출처: https://www.onisep.fr/

## 2) 와인 세계의 안내자, 소믈리에의 역할

**Q:** **기본적인 소믈리에의 역할은 고객들에게 음식과 어울리는 와인을 추천해주고 즐거운 식사에 도움을 주는 서비스를 이행하는 역할이다. 그럼 좀 더 구체적인 소믈리에의 역할은 무엇일까?**

**A:** - 매력적인 와인리스트를 작성과 (③ )와 저장을 관리
- 와인의 시음 및 평가.
- 와인 저장고(Cave)관리와 책임
- 고객이 주문한 음식에 매칭되는 와인을 추천
- 고객이 요청 시 특정 와인에 대한 설명
- 고객 주문한 요리에 대한 조리법, 재료 등 인지
- 고객의 반응에 대한 피드백 데이터를 분석하여 재방문시 활용
- 유능한 소믈리에는 한마디로 와인의 세일즈맨

**와인 바와 와인 저장소**

https://www.wineterroirs.com/

## 3) 소믈리에가 되려면?

**Q: 소믈리에로서 필요한 인성은?**

**A:** - 고객 응대 시 인내심과 침착함 유지
- 와인 서비스의 세세한 부분까지 주의를 기울이는 자세
- 고객에게 와인에 대한 진실된 정보와 어드바이스 제공
- 지속적인 학습 자세 유지와 와인 지식에 대한 겸손함
- 고객지향적이고 적극적이면서 (④ )
- 친절한 성격의 소유자
- 자신의 직업에 대한 열정과 도전적인 자세

**Q: 소믈리에 직업의 경영 분야 자질에 필요한 사항은?**

**A:** - 와인 재고 관리와 (⑤ ) 및 적정한 가격 책정
- 시장 트렌드 분석에 따른 와인 리스트 기획
- 고객 서비스 지향성과 핵심 고객 관리를 통한 고객 만족도 향상 전략 수립
- 와인 공급의 효율적인 주문 및 배송 관리
- 소셜 미디어 활용을 통한 판매 촉진 및 방문 유도
- 와인 저장 시설 관리 및 재고 관리
- 매장에서 예상치 못한 상황 대처하는 위기 관리 능력
- 전문 서비스맨으로서 평판 및 자기 관리
- 고객 선호도가 높은 와인을 선정함으로써 매출 창출
- 변화하는 고객의 와인 기호 파악

**Q: 소믈리에 직업의 판매 분야 자질에 필요한 사항은?**

**A:** - 판매 와인에 대한 깊이 있는 이해와 음식의 매칭 지식
- 고객의 취향과 예산을 빠르게 파악하는 능력
- 와인에 대한 설득력있는 커뮤니케이션 능력
- 손님과의 신뢰를 구축하는 정직한 태도
- 친절하고 전문적인 서비스 제공 능력
- 고객의 와인 트렌드에 대한 이해
- 경쟁 업장의 제품과 가격 파악 능력
- 고객의 이의 제기에 효과적으로 대응하는 능력
- 많은 현장 실무 경험과 서비스 전문가로서의 자질
- 서비스에 필요한 기물이나 기본 장비들의 숙련도

**Q: 소믈리에로서 최고의 와인 전문가로서의 자질에 필요한 사항은?**

**A:** - 와인에 대한 깊은 전문 지식과 경험 보유
- 정확한 테이스팅 및 표현 능력
- 프로페셔널 서버로서 고객 응대 스킬
- 다양한 배경을 가진 고객들과 소통과 이해 능력
- 매력적인 와인 프레젠테이션 능력
- 와인 서비스의 능숙한 시연

- 고객 불만에 대한  임기응변 능력
- 타 분야 직원들과의 원활한 관계
- 와인과 음식 마리아쥐 능력
- 고객의 비언어적 신호 파악
- 신속하면서도 여유 있는 서비스 제공
- 와인 저장고 관리 능력
- 와인 관련 용어의 정확한 사용과 외국어 구사 능력
- 자기 관리로 일정한 서비스 품질 유지
- 최적의 와인 서빙 온도 및 시음 적기에 따른 서비스

**Q: 소믈리에 직업을 계속적으로 유지하기 위해서는 지속적인 와인에 대한 관심과 정보 취득 능력 및 공부하는 자세가 필요하다. 끊임없이 변화하는 소비자와 와인 소비 트랜드에 대응하기 위한 자세로 필요한 사항은?**

**A:** - 와인 시음회, 박람회, 세미나 등에 적극적 참여로  최신 정보와 감각을 유지
- 고급 레스토랑이나 와인 바에서의 실무 경험을 통해 서비스 능력을 강화
- 고급 소믈리에 정규 교육 과정을 통한 훈련과 자격증 취득
- 와인 서빙 관련 기술 숙달 훈련
- 와인과 음식에 대한 매칭 훈련을 위해 식재료 및 요리에 대한 관심과 노력
- 다양한 매체를 이용한 와인 공부
- 와인 산지와 관련된 외국어 공부와 해외 와이너리 답사 참가

**보르도 와인 엑스포**

출처: https://www.finediningl overs.fr/

**와이너리 답사**

출처: https://www.lostinbordeaux.com/

● 소믈리에 직업

위에 링크된 영상을 시청하고 소믈리에 직업에 대해 생각해보자.

출처: https://youtu.be/SqMowhMbvTc?si=RP6vIV1cfZP—f36
https://www.vidadeturista.com/

정답: 1. 식료품 담당자 2. 프랑스혁명 3.와인의 구매 4.긍정적인 사고 5.원가 계산

## 2. 와인, 기원부터 현재까지 8,000년의 시간 여행

**Q: 와인이란 무엇인가?**

**A:** - 와인은 포도에 존재하는 (① )과 포도 껍질의 효모가 발효 과정을 통해 만들어진 알코올 음료

- 와인은 지역, 품종, 제조 방법 등에 따라 다양한 맛과 향을 표현

**Q: 발효란?**

**A:** - 와인발효는 당분이 효모에 의해 알코올과 이산화탄소로 변환되는 과정

- 박테리아, 효모, 곰팡이 등이 유기물을 분해하여 에너지를 생성하는 과정

- 탄수화물이나 단백질이 분해되며, 알코올, 이산화탄소 같은 다양한 부산물 생성
- 발효는 식품의 맛, 향, 질감 변화와 유통기한 연장

**Q: 가장 오래된 와인 양조의 근거는?**

**A:** - 아라라트산(Ararat Mt.)과 접경인 (②　　　)에서 발견
- 기원전 6000년경으로 추정되는 토기에서 와인 잔여물 발견

## 1) 포도의 변신 이야기

**Q: 인류가 우연히 접한 알코올음료인 와인은 어떻게 만들어지나?**

**A:** - 효모가 당분을 알코올과 이산화탄소로 변환

**Q: 와인은 포도로만 만드는 것을 의미하나?**

**A:** - 와인은 일반적으로 포도로 만들지만, 사과, 배, 살구 등과 같은 다양한 과일 사용
- 광의의 의미로 과일을 발효시켜 만든 알코올 음료를 총칭

**Q: 와인(Wine) 단어의 탄생은?**

**A:** - 와인(wine)은 고대 영어 'win'에서 유래
- 라틴어 비눔(vinum)에서 비롯됨
- 비눔(vinum) 포도나무와 관련된 것을 의미
- 프랑스어 뱅(vin), 스페인어와 이태리어 비노(vino), 포르투갈어의 비뉴(vinho), 독어 바인(wein) 등으로 어원을 공유

● 발효: 설탕 + 효모 = 알코올 + 탄산가스($CO_2$)

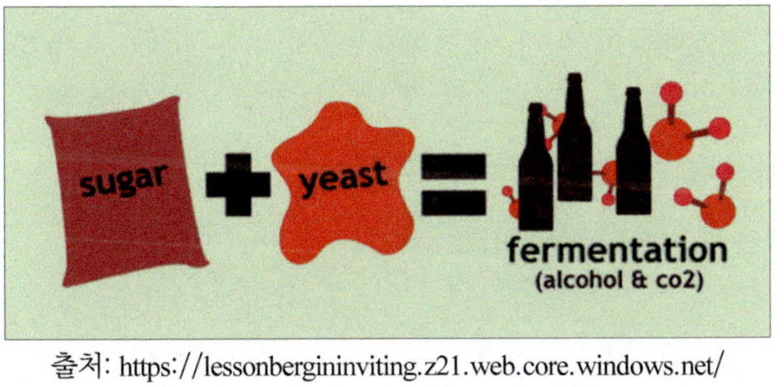


출처: https://lessonbergininviting.z21.web.core.windows.net/

## ● 와인의 역사

위에 링크된 영상을 잘 듣고 다음 질문에 답하시오.

1) 와인을 뜻하는 단어의 유래가 된 라틴어는 무엇인가?

2) 8천년 전 와인 보관 토기가 발견된 곳은?

3) 로마군이 와인을 애음한 이유는?

4) 19세기 미생물에 의해 발효 원리를 발견한 과학자는?

출처: https://youtu.be/njTS51M5jbw?si=KZhsqOp9fzr3OTKP
https://presse-vin.com/

## 2) 와인의 탄생: 고대 그루지아의 놀라운 발견

**Q: 와인의 지리적 탄생지는?**

**A:** - 알프스·히말라야 조산대 일부 지역인 아라라트산(Ararat Mt.)접경지
- 그루지아, 아르메니아, 이란 등 고대 메소포타미아 지역으로 추정

**Q: 와인의 기원은 정확히 알려진 것이 있나?**

**A:** - 기록된 것은 존재하지 않고 고고학적 증거와 연구

- 생산의 증거는 약 8,000년 전, 현재의 조지아, 아르메니아, 이란, 터키 지역에서 발견
- 우연의 결과에 의해 인류가 만나게 된 신의 선물
- 성경에 노아의 방주 이야기 속 포도 농사 기록

**Q: 원산지에서 어떤 경로로 포도 재배와 와인 문화는 전파되었나?**

**A:** - 와인은 조지아, 아르메니아 등 코카서스 3국에서 시작
- 기원전 3,000년경에 포도 재배와 와인 문화는 고대 이집트로 전파
- 페니키아인들은 지중해를 통해 와인 재배와 문화를 전파
- 로마 제국은 와인 문화를 유럽 전역으로 확산시키는 주도적 역할
- 중세 시대 기독교는 와인은 음용 이외의 성찬식에서 사용되며 와인이 중요한 종교적 요소로 자리 잡았고 교회는 와인 재배와 제조 기술을 발전 시킴
- 유럽인들의 신대륙으로 진출로 포도나무와 와인 문화의 신대륙 전파

**Q: 로마인은 왜 포도주에 관심을 가지게 되었을까?**

**A:** - 포도주는 로마에서 종교 의식과 사회적 행사에서 중요한 역할
- 당시 물은 오염이 심해 질병 위험에서 포도주는 발효 과정에서 자연적 살균 효과로  안전한 음료로 인식
- 귀족과 상류층에 포도주는 자신의 사회적 지위를 상징
- 중요한 교역 상품으로서 경제적 이익을 창출

**Q: 오늘날 신세계 와인의 탄생은?**

**A:** - 15세기 후반 크리스토퍼 콜럼버스와 다른 탐험가들의 신대륙 발견
- 유럽인들의 아메리카 대륙, 호주, 남아프리카 등 이동
- 포도 재배와 양조 기술 전파
- 신대륙의 여러 지역 포도 재배 시작과 와인 산지의 확장

중세 수도사와 와인

출처: https://nouvellesdehistoire.blogspot.com/

Mount Ararat

출처: https://www.guidesulysse.com/

## 3) 떼루와(Terroir): 와인에 영향을 주는 환경의 마법사

**Q: 테루아(Terroir)란 무엇인가?**

**A:** - 와인의 특성을 결정짓는 (③ )
- 프랑스어로 토지, 포도 산지, 토양 등을 의미
- 와인의 맛과 향을 결정하는 핵심 요소
- 포도 나무를 중심으로 특정 지역의 자연적, 지리적, 환경적 특성 반영

**Q: 와인의 핵심적인 요소는 무엇인가?**

**A:** - 구대륙 와인의 선두 주자인 프랑스는 떼루와(Terroir)에 대한 중심 시각
- 포도가 생장에 영향을 주는 지형과 토양 등 지리적인 요소
- 일조량, 강우량 등 기후적인 요소
- 포도 재배법
- 와인의 핵심인 포도 품종
- 인간의 노력 등

**Q: 포도 품종이 와인 양조에 중요한 요소는?**

**A:** - 생식용 포도는 씨가 적고 산미와 당도도 낮음
- 양조용 포도는 높은 당도, 두꺼운 스킨과 다량의 씨 함유
- 각각의 품종은 독특한 아로마와 타닌, 산도, 알코올 함량 차이 등 특성
- 품종에 따라 라이트 바디부터 풀바디까지 다양한 스타일 제조

- 품종별 숙성 잠재력 차이
- 품종별 기후 적응성 상이
- 품종별 수확량과 품질의 차이
- 아오쎄(A.O.C) 등 국가별 규정으로 사용 가능한 포도 품종 제한
- 품종별 인지도와 선호도를 차이 존재

**Q: 기후는 와인의 품질에 어떠한 영향을 주는가?**

**A:** - 포도의 당도,산도, 알코올 함량, 아로마에 영향
- 따뜻한 기후에서 높은 당도, 낮은 산도, 높은 알코올 함유, 잼, 말린 과일
- 서늘한 기후에서 낮은 당도, 높은 산도, 낮은 알코올 함유, 허브, 과일
- 자외선(UV) 노출은 안토시아닌 등 폴리페놀생성 증가
- 지중해성 기후는 풀바디, 높은 알코올 함유
- 대륙성 기후는 높은 산도, 낮은 알코올 함유
- 기후 조건에 따라 수확 시기 결정
- 습도와 강수량은 해충 발생 위험
- 일교차는 포도 향과 맛에 영향
- 연도별 기후 변화는 빈티지별 다른 특성의 와인 생산

**Q: 빈티지(Vintage, Millésime)가 중요한 이유는?**

**A:** - 해마다 포도밭의 강우량과 일조량의 차이
- 특정 해의 기후 조건을 반영된 빈티지는 와인 품질 지표
- 우수한 빈티지의 와인은 숙성 기간에 따라 희소성으로 가치 상승
- 좋은 빈티지의 와인은 숙성 잠재력 우수
- 빈티지의 평판은 가격 결정에 중요 요인
- 빈티지 정보를 통해 와인의 최적 음용시음 시기 예측
- 빈티지에 따른 강우량과 일조량이 와인의 품질 결정

### 지구 온난화에 따른 프랑스 와인 산지 변화

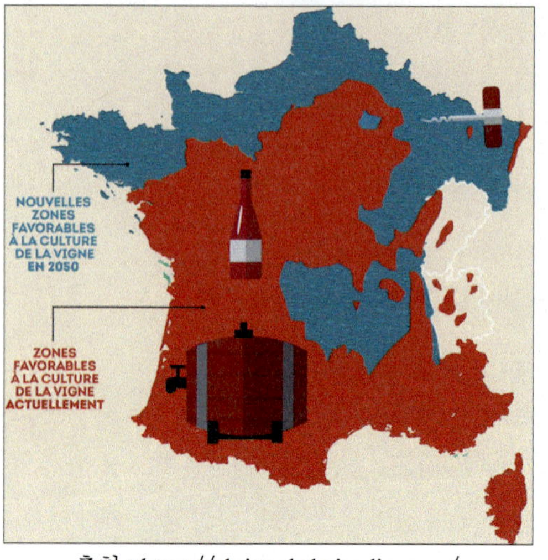


출처 : https://christopheboisselier.com/

## ● 떼루와(Terroir)의 의미

링크된 영상을 잘 시청하고 테루와의 의미를 아래 빈 공간에 기술해 보시오.

출처: https://youtu.be/FlxeyyWbiek?si=Cs26ahhPAMjjWW3R
https://www.vin-blaye.com/

**Q: 토양은 포도나무의 성장과 포도의 품질에 어떠한 영향을 주었는가?**

**A:** - 토양의 구성 성분은 포도나무의 영양분 공급과 흡수에 영향
- 토양의 배수 능력은 포도나무 뿌리의 건강에 영향
- 석회질 토양, 점토질 토양, 모래질 토양 등 각기 다른 토양 유형이 와인의 특성에 기여
- 토양 내 미생물은 포도나무의 건강과 영양분 흡수 도움
- 깊이 내려가는 뿌리는 포도에 다양한 (④ ) 공급
- 척박한 토양은 스트레스가 포도 송이에 집중하게 되어 잘 익은 결과물 산출

## ● 토양

위에 링크된 영상을 잘 시청하고 아래 질문에 답하시오.

1) 포도 나무가 척박한 땅에서 잘 자라는 이유는?

2) 포도나무의 가지치기를 하는 이유는?

3) 포도나무에게 미네랄은?

출처: https://youtu.be/vX_eCfC8IYM?si=KDZ_H2XGa-87KdBa
https://chateau-stony.fr/

**Q: 인간의 끊임없는 포도 재배와 발효 기술의 진보 역사는 어떠한 영향을 주었는가?**

**A:** - 발효 과정, 숙성 방법, 블렌딩 등 양조 기술은 와인 품질을 결정짓는 중요한 요소
- 양조 기술의 발전은 와인의 일관성과 품질 개선
- 새로운 포도 품종 개발과 교배로 품종의 다양성 증가
- 포도 재배 기술 발전으로 (⑤ )로 대규모 생산 가능해짐
- 미생물학과 보존 기술 발전은 와인 제조과정의 과학화 및 저장 수명 연장
- 테루아에 대한 연구로 지역만의 와인 스타일 확립
- 와인에 대한 지식 접근성 상승은 와인 문화의 확산에 기여

**테루와(Terroir)의 주요 요소**

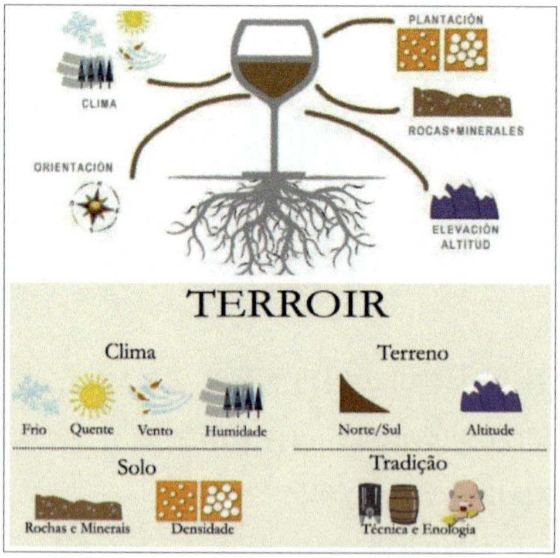


출처: http://www.chateau-mouton-rothschild.com/

**정답:** 1.당분 2.그루지아(Georgia) 3.총체적인 환경 요소 4.미네랄과 영양분 5.수확량 증가

## 3. 와인의 분류(Classification) : 색깔부터 맛까지 다양한 와인 세계 탐험

**Q: 와인을 분류하는 기준은 무엇인가?**

A: - 주요 분류 기준은 레드, 화이트, 로제 와인 등 색에 따른 분류
- 스틸, 스파클링, 주정강화 그리고 가향 와인 등 제조방법에 따른 분류
- 식전용, 테이블 와인, 식후용 와인 등 식사 용도에 따라 분류

### 1) 와인 컬러 : 눈으로 마시는 와인

**Q: 와인의 컬러는 시각적으로 어떻게 분류되나?**

A: - 색에 따라 크게 레드 와인, 화이트 와인, 로제 와인, 옐로우 와인 등 분류
- 포도 품종, 양조 방법, 그리고 발효 과정의 차이에 따라 다양한 맛과 향을 표출

**Q: 레드와인(Red wine) 왜 붉은 색 옷을 입게 되었을까?**

A: - 양조시 (①　　　)과 함께 발효
- 껍질에서 색소가 추출되어 와인에 짙은 칼러 표출

**Q: 레드 와인의 떫은 맛은 어디서 오는가?**

A: - 포도의 씨와 껍질에서 추출된 타닌(Tannin)성분 때문
- 타닌의 긍정적 효과는 와인의 저장성 증가

**Q: 화이트 와인(White wine)은 맛이 깔끔하고 부드러우며 진한 칼러의 옷을 입지 않았을까?**

A: - 화이트 와인의 칼러의 차이는 양조 과정에서 기인
- 청포도를 압착 후 껍질을 제거한 주스만을 발효해서 양조

**Q: 적포도 품종으로는 화이트 와인을 만들 수 있을까?**

A: - 샹빠뉴 지역은 적포도 품종인 피노 누와와 피노 뫼니에 품종의 씨와 껍질을 제거 압착투명한 색의 스파클링 와인 생산.

**Q: 로제 와인(Rosé wine) 어떻게 핑크색의 아름다운 옷을 입게 되었을까?**

**A:** - 로제와인은 적포도로 만들기는 하지만 와인 제조 과정에서 포도 껍질에 있는 색소를 조절하는 (② )

- 화이트 와인과 레드와인을 섞어서 양조

**Q: 노란 옷의 옐로우 와인(Yellow Wine)은 어느 지역에서 만들까?**

**A:** - 프랑스 북동부 쥐라(Jura)지역에서 늦게 수확해서 생산

- 지역 토착 품종인 사바냥(Savagnin) 사용
- 오크통에 넣고 최소 6년 이상 오랫동안 숙성
- 숙성 기간 동안 와인 색깔이 진한 노란색으로 변색
- 이것이 뱅 존(Vin Jaune)이라는 이름의 유래

출처: https://le-vin-sur-internet.fr/

## 2) 와인 제조의 비밀 : 신의 선물

**Q: 와인은 제조 방법에 따라 어떠한 종류가 있는가?**

**A:** - 일반적으로 매장에서 만나는 와인은 스틸와인(Still wine)

- 탄산가스를 함유하고 있는 스파클링 와인(Sparkling wine)
- 고도주를 첨가한 주정강화 와인(Fortified wine)
- 향이 가미된 가향 와인(Flavored wine)

**Q: 스틸와인(Still wine)은 왜 고요한 비발포성 와인이 되었을까?**

**A:** - 포도 양조 과정 중에 발생되는 탄산가스를 제거한 와인

- 탄산가스를 병에 가두어 두면 기포가 있는 스파클링 와인

**스틸 와인**

출처 : https://www.vinipolis.fr/

**스파클링 와인**

출처: https://www.rtbf.be/

**Q: 스파클링 와인(Sparkling wine)은 어디서 탄생되었나?**

A: - 프랑스 랑그독(Languedoc)지방의 리무(Limoux)에서 탄생

- 블랑께트(Blanquette de Limoux 1531)라고 하며 샴페인 역사 보다 약 100년 전 시작

**Q: 국가별 스파클링 명칭은?**

A: - 프랑스의 샴페인(Champagne), 이탈리아의 스푸만테(Spumante), 스페인 바로셀로나 인근에서 생사되는 까바(Cava), 독일의 젝트(Sekt) 등

**Q: 스파클링 와인의 제조 방법은 중 일명 샴페인 방식(méthode champenoise)과 샤르마 방식 (Charma Method)의 차이는?**

A: - 샴페인 방식은 전통 방식으로 병 내에서 2차 발효 진행

- 이탈리아에서 탄생된 샤르마 방식(Charma Method)은 (③ )에서 2차 발효 방식으로 프로세코와 모스카토 와인을 만들 때 주로 사용.
- 2가지 방식 외에 탄산 주입 방식으로 인위적으로 이산화탄소 주입하는 단순한 방법도 사용

**Q: 주정강화(Fortified wine) 와인은 무엇을 강화한 와인일까?**

A: - 일반 와인에 증류주인 오드비(Eau-de-vie) 첨가

- 알코올 도수를 높여 장기간 보관이 가능하게 위해 만든 와인
- 일반적인 알코올 함유량 15~22%

**Q: 주정강화 와인의 스타일 차이는?**

**A:** - 와인 발효 중 또는 발효 후에 브랜디나 다른 증류주를 첨가

- 첨가 시기에 따라 와인의 당도와 스타일 결정.

**Q: 주정강화 와인이 탄생된 스토리는?**

**A:** - 과거에 양조기술이 발전하지 못했던 시기에 운송 중 변질되는 와인 발생

- 와인의 저장성을 높이는 방법의 하나로 와인에 (④ )를 첨가하는 방법 사용

**Q: 대표적인 주장강화 와인 생산지는?**

**A:** - 포루투갈의 포트(Port)와 마데이라(Madeira), 스페인의 쉐리(Sherry)

**Q: 가향와인(Flavored wine) 의 탄생 사유는?**

**A:** - 오랜 역사를 가지고 있는 가향 와인은 향이 가미된 와인으로 낮은 품질의 와인을 개선

**Q: 가양와인 만드는 방법은?**

**A:** - 와인 발효 전후에 감귤류 과일이나 붉은 과일 그리고 약초나 허브 등을 오랜 시간 동안 담근 후 완성

**Q: 대표적인 가향 와인은?**

**A:** - 독일어의 베아무트(Wermut)에서 유래한 버무스(Vermouth)

주정강화 와인

출처: https://pointmetotheplane.boardingarea.com/

가향 와인

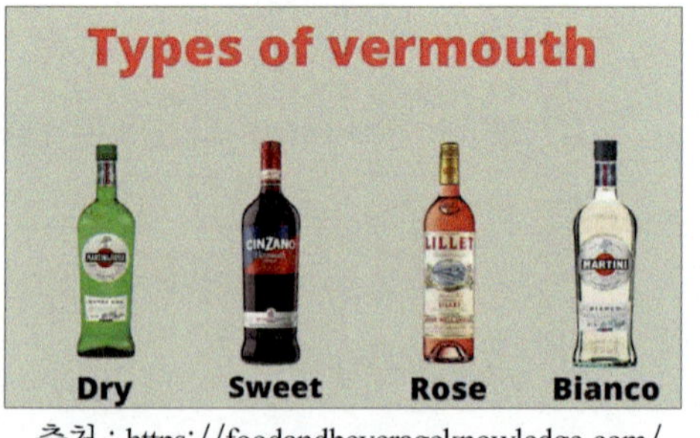


출처 : https://foodandbeverageknowledge.com/

## ● 와인의 종류

위에 링크된 영상을 잘 시청하고 스틸, 스파클링, 주정강화 와인의 각각 특성과 칼러별 특징 으로 분류인 레드, 화이트 그리고 로제 와인이 제조과정에서 차이점은 무엇인지 아래 빈 칸에 기술해 보자.

출처: https://youtu.be/v5ZOs0us-z4?si=Z1Xlmm-0UBt2yzwg

www.restaurantabbaye.fr

## 3) 식사와 와인의 환상적인 듀엣

**Q: 식전용 와인(Aperitif Wine)을 마시는 목적은?**

A: - 식사를 하기 전에 입맛을 돋구기 위하여 마시는 와인
- 단맛이 없는 부뤼(Brut)는 침샘을 자극
- 산미가 있으며 드라이한 화이트 와인 음용

**Q: 테이블 와인(Table Wine)의 기본적인 마리아쥐는?**

A: - 레드 와인은 붉은 육류, 진한 소스 음식
- (⑤ )은 생선과 해산물, 흰살 고기인 닭고기, 돼지고기, 샐러드
- 로제 와인은 중간적 성격을 보유한 이유로 다양한 요리

**Q: 식사를 마친 후 달콤한 식후용 와인(Dessert Wine)을 마시는 이유는?**

A: - 식사 후 달콤한 디저트 와인은 입안을 깨끗하게 마무리
- 디저트와 단맛의 조화

**Q: 세계의 대표적인 디저트 와인은?**

A: -프랑스 보르도 지역의 소테른(Sauternes), 독일의 아이스바인(Eiswein), 헝가리의 토카이(Tokaji)

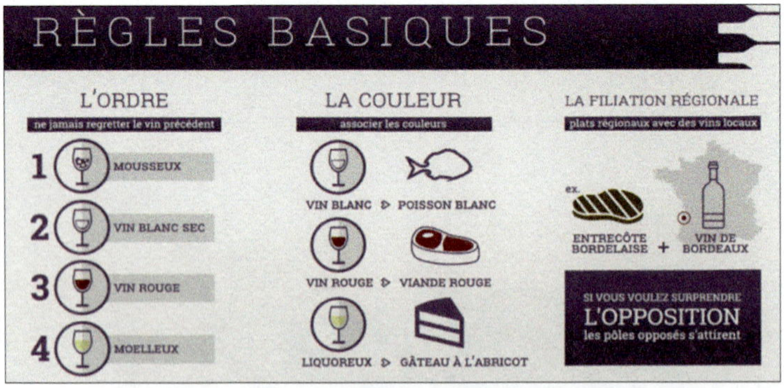


출처: https://chateausuau.com/fr/

정답: 1.포도 껍질 2.단기 침용 과정 3.대형 스테인리스 스틸 탱크 4.고도주 5.화이트 와인

## ● 와인과 음식의 매칭



위에 링크된 영상을 시청하고 아래 질문에 답하시오.

1) 해산물과 잘 매칭되는 와인은?

2) 하얀색 육류와 잘 매칭되는 와인은?

3) 음식의 산도가 높을 때 와인 선택은?

4) 매운 음식과 어울리는 와인은?

출처: https://youtu.be/j4-KFLzQosU?si=toeo26nLRwN09wqf
https://www.larvf.com/

# 2

# 포도품종(Cépage) 탐험

**Q: 쎄빠쥐(Cépage)란 단어의 뜻은?**

**A:** - 프랑스어로 '포도 품종'을 의미하는 용어

- 포도 품종은 와인의 맛, 향, 색상, 구조 등 전반적인 특성을 결정하는 주요 요소

**Q: 포도나무 품종 종류는?**

**A:** - 양조용 유럽종인 비티스 비니페라(Vitis Vinifera)는 식용 포도에 비해 포도 알이 작고  씨가 많으며 고당도

- 생식용 미국종인 비티스 라부루스카(Vitis Labrusca)

**프랑스 주요 와인산지별 포도품종**

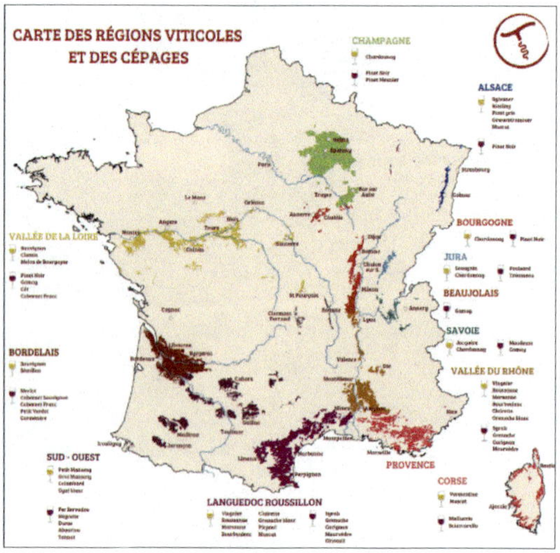


출처: https://www.viticoach.vin/

## 1. 적포도 품종 이야기

### 1) 포도 품종의 왕 : 까베르네 소비뇽(Cabernet Sauvignon)

**Q: 포도 품종의 와인 왕으로 불리우는  까베르네 소비뇽이 전 세계에서 많이 심는 이유와 특징은?**

**A:** - 높은 타닌과 산도로 구조감이 좋고 장기 숙성가능

- 풀바디 바디와 강렬한 맛과 진한 색상으로 레드와인 품종의 왕
- 보르도, 나파 밸리, 칠레, 호주 등 전 세계 여러 지역에서 재배
- 보르도 좌안의 자갈밭에서 재능을 발휘
- (① ), 검은 과일, 감초 등이 특징
- 서늘한 기후에서는 민트, 유칼립투스, 피망, 그린 올리브, 레드 베리 등의 아로마 특징
- 보르도 지역에서는 단독으로 양조하지 않고 블렌딩되며 블랙커런트, 가죽, 오크, 삼나무, 바닐라, 습한 토양 향 특징
- 신세계 지역인 미국에서 생산된 까베르네 소비뇽은 달콤한 잼, 바닐라, 연유 등의 향이 특징

## 2) 와인 초보의 친구: 메를로(Merlot)

**Q: 메를로 품종명의 유래와 기본적인 특징은?**

A: - 프랑스 메를(Merle : 티티새)이라는 검은 산새의 소리에서 품종명이 유래
- 18세기부터 보르도 우안 지역에서 재배
- 보르도 우안의 차갑고 무거운 (② )에서 잘 자라는 품종
- 낮은 산도와 부드러운 타닌
- 다양한 기후와 토양 조건에서 재배
- 따스한 기후에서는 제비 꽃, 블랙베리. 자두, 잼
- 서늘한 기후에서는 피망, 민트, 그린 올리브, 레드 베리

## 3) 레드 와인의 명품 : 피노 누와(Pinot Noir)

**Q: 부르고뉴(Bourgogne) 지역의 대표 품종인 피노 누와가 좋아하는 기후와 특징은?**

A: - 부르고뉴에서는 (③ )으로 양조
- 주로 차갑고 서늘한 북쪽에서 잘 적응
- 껍질이 얇으며 빽빽한 포도알은 병충해와 기후에 취약
- 부르고뉴의 서늘한 기후는 병충해 위험을 감소
- 높은 산도와 낮은 탄닌 함량
- 라즈베리, 딸기, 체리 등의 붉은 과일 향과 훈연, 흙향, 버섯, 가죽, 장미 향 등이 특징

## 4) 검은 와인 : 말벡(Malbec)

**Q: 일명 블랙와인으로 불리우는 말벡의 특징은?**

**A:** - 보르도가 원산지인 품종
- 탄닌이 풍부하여 숙성 높은 잠재력
- 최대 말벡 품종 생산국은 아르헨티나
- 습기에 약한 특성
- 프랑스에서는 병충해에 시달림
- 아타카마 사막이 있는 건조한 멘도사 지역 적응
- 조생종으로 탄닌이 풍부하여 장기 보관 가능
- 블랙베리, 블랙체리 같은 검은 과일, 서양 자두, 바닐라 등 아로마

출처: http://winefolly.com/

출처: https://vinepair.com/

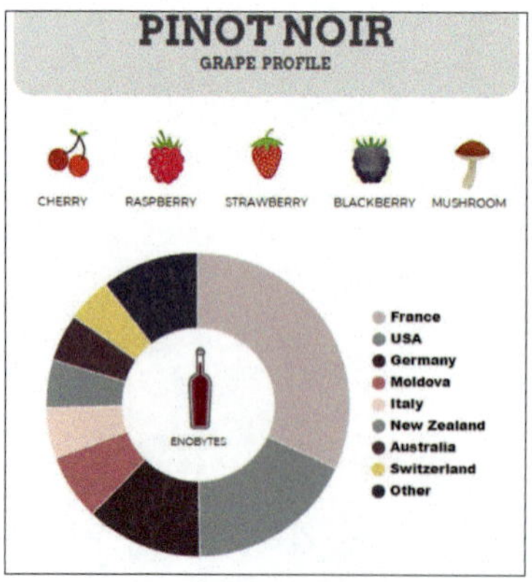

출처: https://www.enobytes.com/

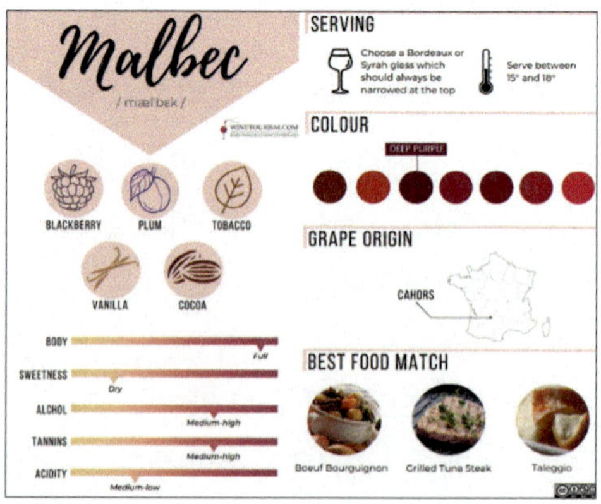

출처: https://www.winetourism.com/

## 5) 이탈리아의 보물 : 네비올로(Nebbiolo)

**Q: 네비올로 품종의 주산지와 특징은?**

**A:** - 주산지는 이탈리아의 북서부 피에몬테(Piedmont) 지역
- 타닌 함량이 높아 오랜 기간 숙성이 필요하며, 높은 산도 특징
- 강렬한 아로마와 복합적인 향
- 타르, 가죽, 라즈베리, 감초, 장미, 말린 자두, 건포도, 체리, 송로, 바이올렛, 초콜릿

## 6) 향신료의 향연 : 시라/시라즈(Syrah/Shiraz)

**Q: 매력적인 시라즈의 기본 특징은?**

**A:** - 시라(Syrah) 또는 시라즈(Shiraz)는 같은 품종
- 구세계와 신세계에서 지역에 따라 다르게 부르는 명칭 소유
- 프랑스 남부 론(Rhône)지역이 시라의 주요 생산지
- 진한 색과 강한 타닌, 높은 산도, 스파이시하며 복합적인 풍미
- 검은 후추, 다크 초콜릿, 훈제 향, 감초, 그린 올리브, 라즈베리, 블루베리, 레드 커런트, 민트, 가죽, 자두, 담배, 제비꽃

**Q: 더운 지역과 서늘한 지역에서 자라는 시라 품종은 차이는?**

**A:** - 따스한 기후에서 자란 시라는 깊은 색상에 블랙베리, 블랙커런트 같은 검은 과일의 향을 지니며 진하고 부드럽고 감미로우며 스파이시한 특성
- 서늘한 기후에서는 레드 커런트, 산딸기 등 붉은 과일과 부드러운 흰 후추, 그린 올리브, 민트 등의 아로마

## 7) 캘리포니아의 보물 : 진판델(Zinfandel)

**Q: 미국 캘리포니아에서 많이 재배하는 진판델의 기본 특징은?**

**A:** - 캘리포니아에서 널리 재배되는 포도 품종
- 프리미티보(Primitivo)는 이탈리아 남부 풀리아(Puglia) 지역에서 재배되는 포도 품종
- 미국의 진판델(Zinfandel)과 유전적으로 동일한 품종
- 알코올 도수가 높은 편
- 기원은 (④ )에서 자라던 포도 품종과 관련

**Q: 진판델 품종의 아로마적 특징은?**

**A:** - 달콤하게 잘 익은 블랙베리, 블랙체리, 라즈베리, 블루베리, 자두 등의 과일 향에 제비꽃, 후추, 스타 아니스, 장미향이 특징

- 향이 강렬한 미국 진판델에 비해 이탈리아 프리모티브가 좀 더 차분하고 절제된 와인

## 8) 스페인의 보물 : 템프라니요(Tempranillo)

**Q: 스페인을 대표하는 포도 품종인 템프라니요의 주요 재배지와 주요 특징은?**

**A:** - 스페인 리오하(Rioja) 지역과 빼네데스(Penedès)에서 많이 재배

- 포르투갈에서도 재배
- 수확이 빠른 조생종으로 탬플라노(Temprano: 이른)의 뜻에서 유래
- 보통 다른 품종과 블렌딩
- 리오하 와인은 고급스런 피노누와 맛 표현
- 미디움에서 풀바디까지 다양한 스타일 생산
- 전형적인 향은 주로 체리, 라즈베리, 블랙베리, 자두 같은 붉은 과일과 검은 과일의 향, 오크 숙성 과정에서 바닐라, 코코아, 시가 박스, 정향

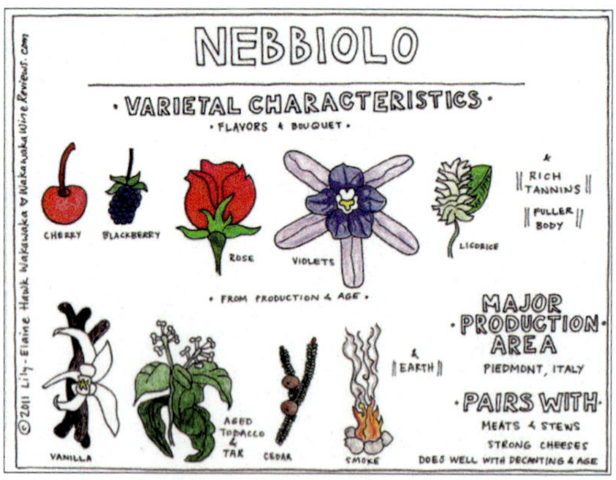


출처: https://wakawakawinereviews.com/

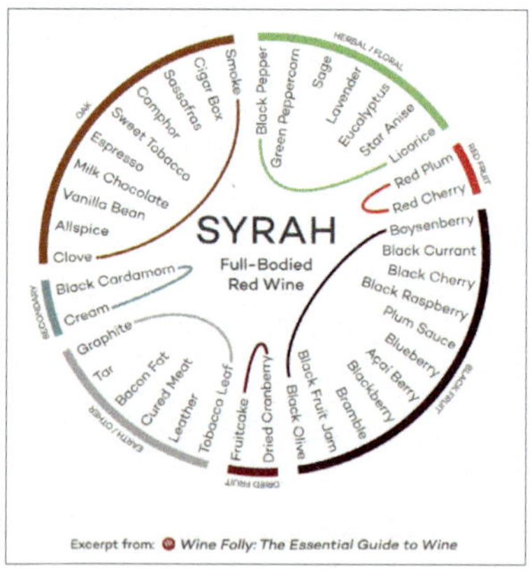


출처: http://winefolly.com/

출처: http://winefolly.com/

## 9) 남부 프랑스의 태양 : 그르나슈 누와(Grenache Noir)

**Q: 그르나슈 누와의 주요 재배 산지와 품종 특징은?**

**A:** - 프랑스 남서부 론(Rhône)지역에서 스페인 북동부까지 넓은 지역에서 재배되는 품종
- 스페인에서는 가르나차 띤따(Garnacha Tinta)
- 늦게 수확하는 만생종
- 당분 함량이 높아 알콜 함량 높음
- 낮은 타닌함량으로 산화될 가능성이 높아 장기 숙성용으로 부적합
- 탄닌을 보충하기 위해 발효시 침용과정을 강하게 하는 경향
- 프랑스 남부 론의 블랜딩 품종으로 사용
- 시라(Syrah), 무흐베드르( Mourvedre) 품종과 블렌딩
- 스페인 리오하(Rioja)에서는 템프라닐료와 함께 사용
- 대표적 아로마는 붉은 과일, 블랙 베리, 허브, 스파이시

## 10) 스페인의 숨은 맛집 : 무르베드르(Mourvédre)

**Q: 무르베드르 품종의 주요 산지와 특징은?**

**A:** - 스페인이 원산지인 품종
- 프랑스 남부나 스페인 같은 무더운 지역에 잘 적응
- 알코올, 타닌, 산도 모두 높은 편
- 호주에서는 마타로(Mataro)라고 부르며 인기 없던 품종으로 프랑스식 이름으로 개명

- 13가지 이상의 포도품종 사용이 허가 된 남부 론의 명품 와인 샤또 뇌프 뒤 빠쁘(Châteauneuf-du-pape)를 블렌딩하는 주요 4대 품종
- 진한 색이 특징이며 블랙베리, 자두, 산딸기 등 농축된 과일 향과 후추, 가죽 향 등이 특징

## 11) 보졸레의 왕자 : 가메(Gamay)

**Q: 보졸레 축제와 가메의 관계는?**

**A:** - 해마다 11월 셋째 주 목요일에 전 세계적으로 동시에 출시되는 보졸레 누보(Beaujolais Nouveau)와인에 사용되는 품종

**Q: 보졸레 와인은 칠링해서 가볍게 마시는 와인으로 같은 지역에서 오래 동안 보관할 수 있는 와인은 무엇인가?**

**A:** - 일부 보졸레 10개 마을에서 생산하는 고급 와인인 보졸레 크뤼(Crus du Beaujolais)인 경우는 여러 해 보관 가능
- 생 따므르(St-Amour), 쥐리에나(Juliénas), 쉐나(Chénas), 물랭 아 방(Moulin-à-Vent), 플뢰리(Fleurie), 쉬루블(Chiroubles), 레니에(Régnié), 부루이(Brouilly), 모르공(Morgon), 꼬뜨 드 부루이(Côte de Brouilly) 등 10개 마을

## 12) 우아한 조연 :까베르네 프랑(Cabernet Franc)

**Q: 까베르네 프랑의 특징은?**

**A:** - 보르도 지역에서 블렌딩에 주로 사용되는 품종
- 섬세하고 매콤한 아로마 특징
- 포도 껍질이 얇아 병풍해에 취약
- 타닌 함량 적음
- 구조감 미약
- 산딸기와 레드 커런트, 딸기, 제비꽃, 후추, 송로, 사향. 블랙베리(blackberry) 등

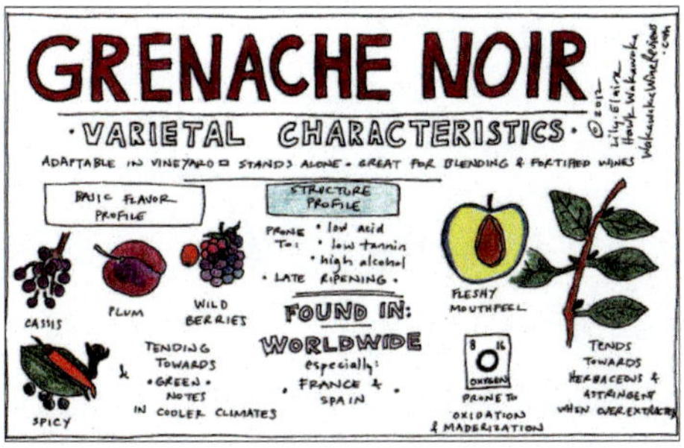


출처 : https://wakawakawinereviews.com/

출처 : https://winefolly.com/

출처 : https://winefolly.com/

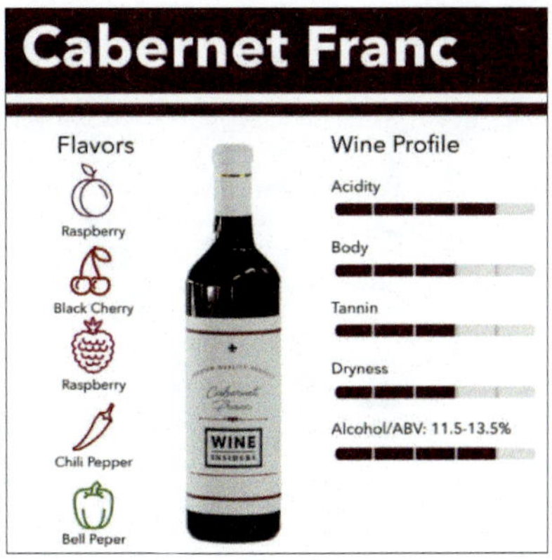


https://wineinsiders.com/

## 13) 작지만 강한 : 쁘띠 베르도(Petit Verdot)

**Q: 쁘띠 베르도의 특징과 이름이 주는 특징은 무엇일까?**

**A:** - 전형적인 보르도 블렌딩에 주로 사용되는 품종

- 진한 색상과 타닌을 보충해줘 양조에 양념처럼 사용되는 품종
- 쁘띠 베르도 이름은 보르도의 기후에는 늦게 성장
- '작은 녹색' 이라는 의미에서 유래
- 만생종으로 높은 산도와 타닌을 보유 장기 숙성용 와인 양조
- 보르도에서는 쉽게 익지 않아 점차적으로 재배 면적 감소
- 품질에 관심 있는 일부 캘리포니아, 칠레에서 재배

## 14) 샴페인의 숨은 조력자 : 피노 뫼니에(Pinot Meunier)

**Q:** **피노 뫼니에 품종이 샴페인 지역에서 자라는 이유와 특징은?**

**A:** - 원산지는 샹빠뉴(Champagne)지방
- 피노누아(Pinot Noir)의 변종 품종
- 샹빠뉴지방에서 샤르도네, 삐노 누와와 더불어 샴페인 블렌딩 품종
- 품종명인 뫼니에(Meunier)의 뜻은 (⑤ )의 뜻
- 서리에 강하고 서늘한 샹빠뉴 지역에서 습하고 포도밭이 북향을 향하는 발레 드라 마른(Vallée de la Marne)에서 재배
- 딸기, 라즈베리 등 붉은 과일 향이 특징이며 블렌딩할 때 신선함과 과실 향과 산도를 줌

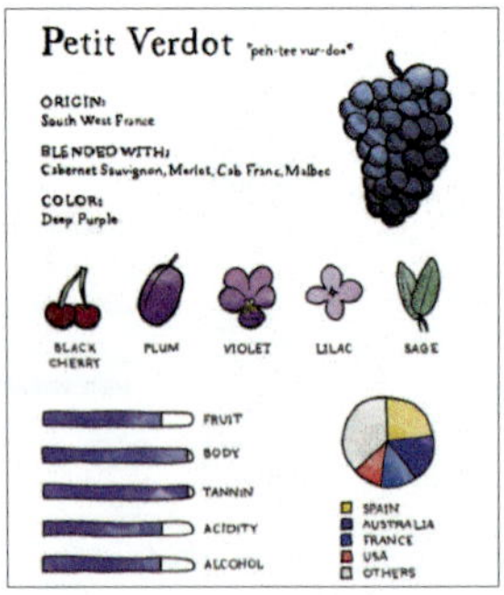

출처 : https://winefolly.com/

출처: https://www.cirkwi.com/

**정답:** 1.블랙커런트 2.점토질 토양 3.단일 품종 4.크로아티아 5.제분업자

### ● 레드 포도 품종

위에 링크된 영상을 잘 시청하고 아래 질문에 답하시오.

1. 서늘한 지역에서 잘 자라며 부르고뉴를 대표하는 품종은?
2. 피노누와의 가장 특징적 향은?
3. 레드와인의 왕으로 껍질이 두껍고 진한 색상과 높은 타닌을 가진 품종은?
4. 부드러우며 보르도에서 까베르네 소비뇽과 블랜딩되는 품종은?
5. 호주를 대표하는 품종은?

출처: https://youtu.be/wTTiun4bIyA?si=hLsSxoy3gDfWYPzl
https://www.tonneauvoyageur.fr/

## 2. 청포도 품종 이야기

### 1) 화이트 와인의 여왕 : 샤르도네(Chardonnay)

**Q: 화이트 와인의 여왕인 샤르도네 품종의 원산지와 특징은?**

**A:** - 브르고뉴(Bourgogne) 원산지
- 양조 방법에 따라 매우 다양한 스타일의 와인 생산
- 여러 스타일 와인으로 양조가 용이하여 '와인의 카멜레온'
- 품종 자체에 고유한 개성이 부족하여 오크 숙성과 (① ) 같은 양조 기술이 적용
- 서늘한 기후에서는 사과, 복숭아, 감귤, 멜론, 라임, 레본 등 시트러스 향에 산도와 미네랄이 표현
- 더운 기후에서는 파인애플, 망고, 바나나 등 열대 과일향
- 오크 숙성시 버터, 바닐라, 카라멜, 토스트, 견과류 같은 리치한 향미
- 오크를 사용하지 않은 샤르도네는 가볍고 상큼하며, 청사과, 레몬, 라임, 미네랄

## 2) 독일의 보물 : 리슬링(Riesling)

**Q: 리슬링 품종의 주 재배지와 특징은?**

A: - 독일이 원산지인 고유의 화이트 와인 포도 품종
- 아로마가 복합적인 품종
- 주재배지는 독일
- 프랑스 알자스(Alsace), 오스트리아, 호주, 미국 워싱턴 주, 뉴질랜드
- 추위에 강하고 특유의 산미와 향 덕분에 다양한 음식과 잘 어울림
- 천천히 매력을 발산하는 품종
- 에이징되면서 매혹적인 꽃향과 꿀 향, (②　　　)
- 독일의 리슬링은 강한 미네랄 향이 특징

## 3) 상큼함의 대명사 : 소비뇽 블랑(Sauvignon Blanc)

**Q: 샤르도네 만큼 쉽게 접하는 품종인 소비뇽 블랑의 특징과 주요 재배지는?**

A: - 소비뇽 블랑의 의미는 '야생의 화이트'라는 의미
- 고양이 오줌(Cat Pee)냄새, 겨드랑이 냄새, 갓 베어낸 풀 등 독특한 아로마
- 주로 서늘한 기후의 지역에서 생산되어 높은 산도 특징
- 구세계 생산지는 보르도, 르와르 밸리
- 신세계 생산지는 미국 캘리포니아와 오래곤, 뉴질랜드, 호주, 칠레, 남아공
- 뉴질랜드 말보루(Marlborough)지역이 유명

## 4) 소테른의 여왕 : 쎄미용(Semillon)

**Q: 귀부와인을 만드는데 사용되는 세미용 품종이 보르도 소테른 지역에서 특히 잘 재배되는 이유는?**

A: - 소테른 지역은 가롱 강(Garonne River)과 작고 유속이 빠른 시롱 강(Ciron River) 사이에 위치
- 이 두 강은 온도 차이는 아침에 (③　　)
- 습도는 귀부병의 발달을 촉진하는 이상적인 조건 형성
- 껍질이 얇고 포도송이가 조밀하여 귀부병(Noble Rot)에 잘 감염되어 스위트 와인 양조에 사용

- 보르도 지역으로 소테른(Sauternes)지역에서는 귀부병에 걸린 포도를 사용 감미로운 스위트와인을 생산

**Q: 세미용 품종의 일반적 특징은?**

**A:** - 세미용 품종은 높은 알코올과 낮은 산도가 특징

- 소비뇽블랑과 블랜딩하여 산도와 아로마를 보완
- 시트러스 계열 잼, 꿀, 사향, 건포도 등의 오일리하고 풍부한 느낌
- 강렬한 단맛이 특징

출처: https://socialvignerons.com/

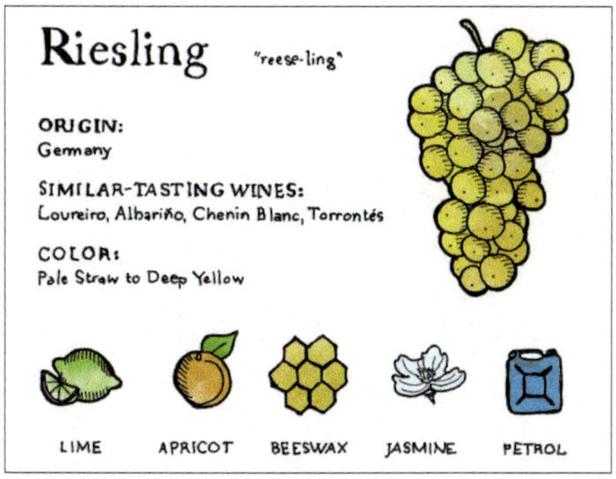


출처: https://winefolly.com/

출처: https://www.eniwine.com/

출처: http://winefolly.com/

### 5) 향신료 폭탄 : 게뷔르츠트라미너(Gewurztraminer)

**Q: 게뷔르츠트라미너 품종의 주요 산지와 품종적 특징은?**

**A:** - 중부 유럽, 특히 독일과 프랑스의 알자스 지역에서 많이 재배
- (④ )의미의 독일어 게브르츠(Gewürz)에서 유래한 이름처럼 아로마틱한 품종
- 산도가 낮아, 부드럽고 리치한 느낌
- 강렬한 아로마와 풍미로 아시아 요리와 매칭
- 열대과일, 꿀, 향신료, 허브 그리고 훈연향이 특징

### 6) 르아르의 카멜레온 : 슈냉 블랑(Chenin Blanc)

**Q: 르와르 지역의 카멜레온이라 불리우는 슈냉블랑의 특징과 주요 재배지는?**

**A:** - 품종의 원산지는 프랑스 루와르(Loire)강 연안으로 다양한 스타일의 와인을 제조
- 산도는 높은 편이라 신선함과 장기숙성이 가능
- 남아공에서 슈냉은 스틴(Steen)
- 서늘한 기후에서는 사과, 레몬, 왁스 등의 아로마
- 따스한 기후에서는 잘 익은 사과, 꿀, 레몬, 모과, 살구 등이 특징

### 7) 달콤한 기포 : 모스카토(Moscato)

**Q: 이탈리아 스파클링 와인으로 유명한 모스카토 품종의 특징은?**

**A:** - 원산지는 피에몬테(piemonte)
- 프랑스에서는 뮈스카(Muscat)이라 부르고 미국에서는 머스캣(Muscat)
- 아로마가 강한 품종으로 고대부터 지중해 지역 전반에서 재배
- 이탈리아 아스티 지역의 스파클링 와인인 낮은 알코올 도수에 감미로운 맛의 아스티 스푸만테(asti spumante)와 약발포성의 모스카토 다스티(moscatod'asti) 생산
- 특징적인 아로마는 파인애플, 망고, 장미, 오렌지

### 8) 꽃향기 가득 : 비오니에(Viognier)

**Q: 비오니에 품종의 원산지와 특징은?**

**A:** - 원산지는 프랑스 론지방으로 과거 로마 중심 도시였던 비인(Vienne)에서 유래

- 포도재배의 본고장은 북부 론의 콩드리유(Condrieu)로 비오니에 품종을 100% 사용
- 실크같은 재질과 섬세한 과일, 꽃향, 꿀, 스파이시
- 풍부한 바디감과 (⑤ )함

출처: https://www.winetourism.com/

출처 : https://thegrapegrind.com/

출처: http://winefolly.com/

출처: https://www.vitivinicultura.net/

**정답: 1.젖산 발효 2.페트롤 향 3.안개를 형성 4.향신료 5.오일리**

## ● 화이트 포도품종

위에 링크된 영상을 잘 시청하고 아래의 질문에 답하시오.

1. 리슬링의 원산지는?
2. 리슬링의 미네랄리티는 무엇인가?
3. 페트롤 향이 나는 와인 품종은?
4. 소비뇽 블랑의 대표적 향은?
5. 소비뇽 블랑과 잘 매칭되는 음식은?
6. 보르도나 루와르 지역에서 많이 재배되는 품종은?
7. 중성적인 특징을 갖고 있는 품종은?

출처: https://youtu.be/B-40BX7AXtg?si=gFc084FqnOA_ypbg
https://epicurioos.com/

## ● 와인 보강

OIV(International Organization of Vine and Wine)의 주요 국가 생산량 조사(2018)

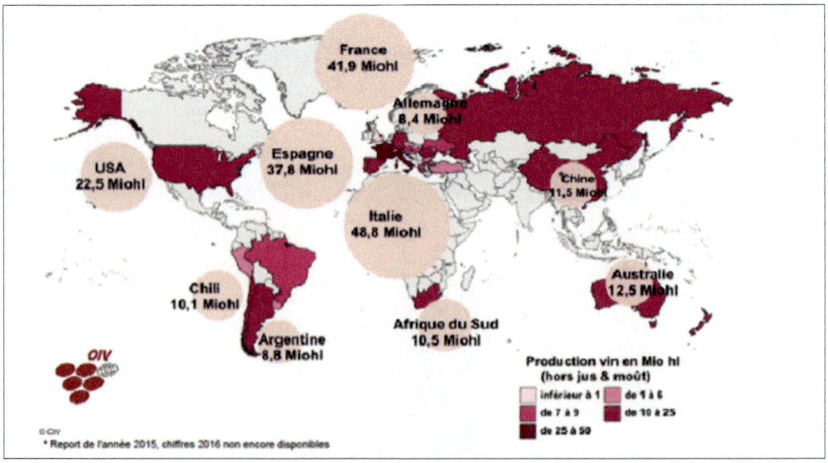


출처: https://dico-du-vin.com/

# 3

# 와인(WINE) 제조의 마법과 등급 시스템

# 1. 와인의 제조의 마법

출처: https://winenews.it/

**Q: 최초의 와인 양조는 어디서 누가 시작했을까?**

**A:** - 와인의 발명은 의심할 여지 없이 우연에 기인

- 주스가 자연적으로 발효되는 비티스 비니페라(vitis vinifera)의 열매에서 생산
- 우화에 나오는 원숭이 이야기
- 노아의 방주 관련 이야기로 구약성경에 노아는 대홍수 후 육지에 정착하여 첫 농사를 지어 포도주를 담근 첫 농군이 되었다는 이야기
- 그 당시에는 과일이나 꿀을 기반으로 한 다른 발효 음료가 존재

## 1) 레드 와인(Red Wine) : 포도 껍질의 마법

**Q: 레드와인 만드는 과정은 어떻게 진행되나?**

**A:** - 적절한 시기에 포도밭에서 포도를 수확 후 운반

- 수확한 포도는 줄기를 제거한 후 압착 파쇄
- 포도 껍질, 씨, 과육이 함께 섞여 발효
- 으깬 포도는 발효 탱크에 넣고 자연 또는 인공적으로 효모가 첨가
- 효모가 포도의 당분을 알코올과 (①　　)로 변환
- 와인에 컬러와 강건한 타닌등의 성분이 녹아들게 하는 과정인 침용과정(Macération) 단계

-액체 와인을 분리하는 과정인 에꿀라지(écoulage)단계

-파이프로 흘러가는 와인을 뱅 드 구뜨(vin de goutte)라고 칭함
-통에 남은 고체 성분은 압착한 와인을 뱅 드 프레스(vin de presse)라고 칭함
-젖산발효는 사과산을 젖산으로 변화시키는 과정
-숙성 후 병입

레드와인 제조 과정

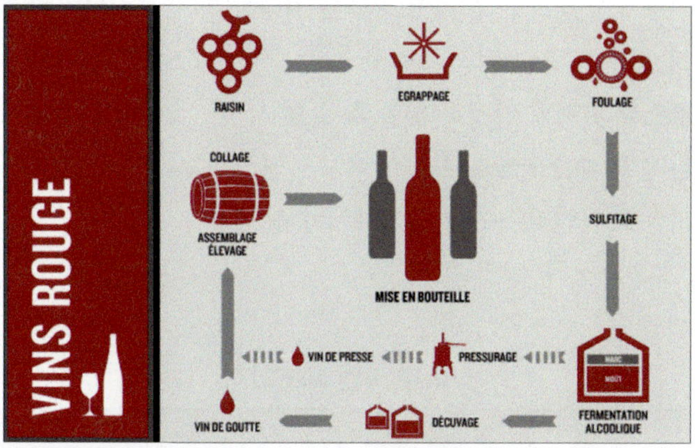


출처: https://www.lapetitegoutte.fr/

## ● 레드와인 제조과정

위에 링크된 영상을 시청하고 레드와인 과정을 머리 속으로 상상해 보시오.

출처: https://youtu.be/hFSClrvfm5k?si=O1YW5PeCmzpz104o
https://www.lemonde.fr/

## 2) 화이트 와인(White Wine) : 맑고 깨끗한 쥬스

**Q: 청포도나 껍질이 얇은 적포도를 사용하여 만들어지는 화이트 와인 제조 공정은?**

**A:** - 포도의 수확은 적포도주 과정과 동일하게 손으로 수확하거나 기계를 사용하여 수확
- 포도는 신선하고 높은 산도를 유지하기 위해 비교적 일찍 수확
- 수확된 포도는 파쇄 후 포도를 압착하여 (②        )
- 껍질, 씨, 줄기는 분리되며, 와인의 색을 최대한 밝게 유지하기 위해 껍질과의 접촉 시간을 최소화
- 압착된 주스는 찌꺼기 안정화 작업 후 발효
- 색을 내는 침용 과정(Macération) 생략
- 나무통 또는 스테인리스 스틸 탱크에서 숙성
- 병입 전 여과 과정 후 병입 출고

**화이트 와인 제조과정**

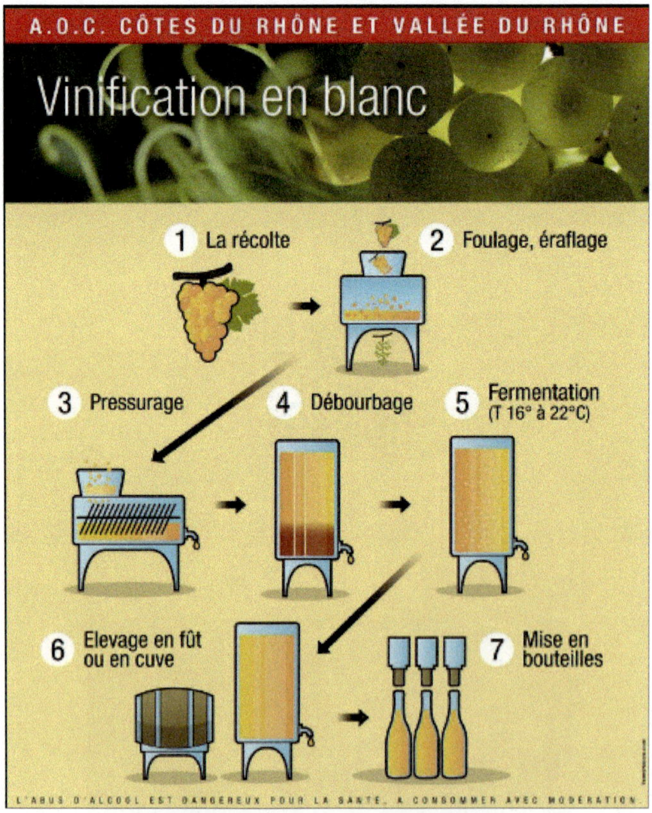


출처 : https://vin.vigne.utl13.fr/

## 3) 로제 와인(Rosé Wine): 레드와 화이트의 로맨스

**Q:** 핑크 칼러 로제와인의 다양한 제조 방법은?

**A:** - 단기 침용법으로 적포도를 수확하여 줄기에서 분리하고 으깬 후 껍질과 함께 일정 기간 침용 후 껍질을 제거 후 포도즙만 발효하여 와인 제조

- 압착법은 수확된 적포도를 줄기에서 분리 후 압착하는 것으로 포도 껍질과 과육이 잠시 접촉하면서 핑크색 추출
- 혼합법은 화이트와인과 레드와인을 섞어 로제 와인을 만드는 것

로제 와인 제조과정

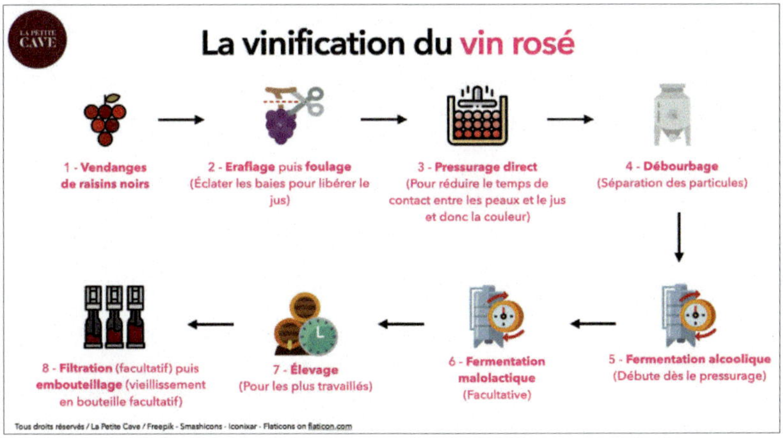


출처: https://lapetitecave.net/

### ● 레드 vs 화이트 vs 로제

레드 와인과 화이트 와인 그리고 로제와인 제조관련 위 영상를 시청하고 아래의 질문에 답하시오.

1. 각각 제조 공정의 차이점은?
2. 레드 와인과 화이트 와인 양조과정 중 가장 큰 차이점은?
3. 로제 와인은 어떻게 만들어지며, 레드 와인과 화이트 와인과의 차별점은 무엇인가?

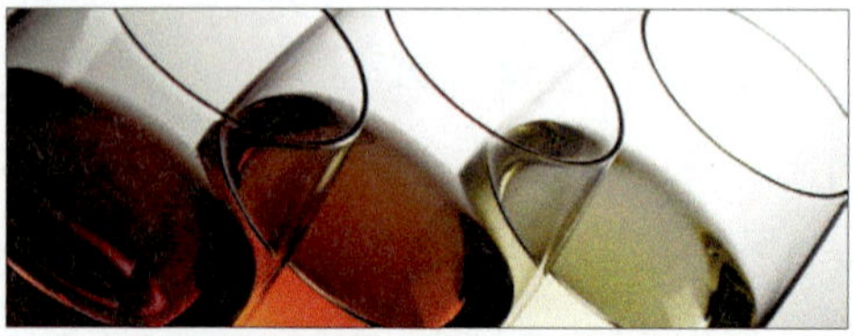

출처: https://youtu.be/3yfZp-qnTkk?si=xl0NkVmVHZmK9Aqo
https://www.troisfoisvin.com/

## 4) 스파클링(Sparkling Wine) 와인: 버블의 탄생

**Q: 발포성 와인의 대표적인 생산지인 샹빠뉴 지역의 전통적인 스파클링 와인 제조 과정 인메토드 샹프누아즈(Méthode Champenoise) 과정은?**

**A:** - 샴페인은 주로 샤르도네, 피노 누아, (③ ) 등 3가지 포도 품종을 사용
- 프레쉬하쥐(Pressurage)는 포도수확 후 와인너리로 이동된 포도를 부드럽게 압착하여 즙을 짜내는 과정
- 제1단계 발효과정으로 (④ ) 생산
- 블렌딩 과정으로 다른 해 생산된 여러 통의 백포도주를 섞는 어셈블리과정 진행
- 블렌딩된 와인은 설탕과 효모를 추가한 리퀘르 드 티라쥬(Liqueur de Tirage)를 첨가
- 병 내부에서 설탕이 효모에 의해 발효되면서 알코올과 이산화탄소(CO2)가 생성되는 (⑤ ) 진행
- 병은 효모 찌꺼기(lees)와 함께 숙성
- 보관 및 숙성 후 생긴 효모 찌꺼기를 병목으로 모이게하기 위한 르뮈아쥐(Remuage)과정 진행
- 병목에 모인 효모 찌꺼기는 병목을 냉각시켜 효모 찌꺼기를 급속 냉각 후, 병을 열어 압력으로 찌꺼기를 제거하는 데고흐쥐망(Dégorgement) 과정 진행
- 도자쥐(Dosage)는 병목 열기에서 사라진 양을 보충하는 과정으로 설탕과 와인의 혼합물인 리쾌르 덱스페디시옹(Liqueur d'expédition)을 추가하여 와인의 단맛을 조절
- 병목을 코르크 마개로 밀봉하고, 철사로 고정하여 샴페인 완성

**스파클링 와인 제조과정**

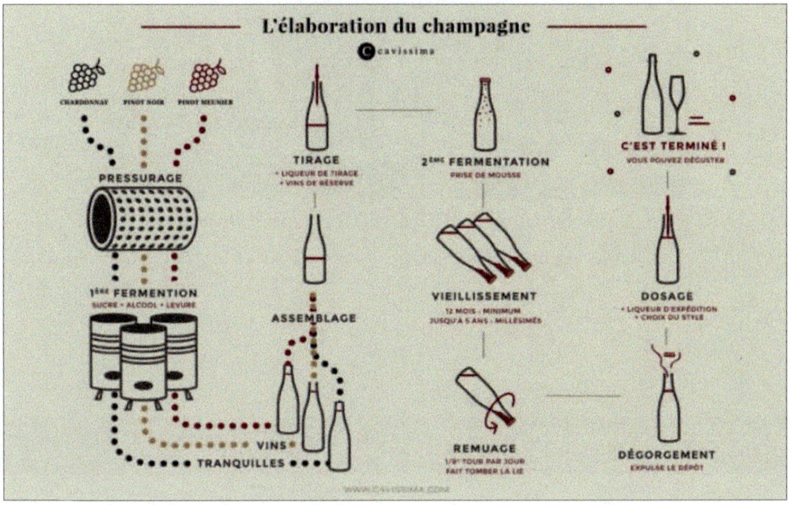


출처: https://www.cavissima.com/

**정답: 1.이산화탄소 2.주스 상태 3.피노 뫼니에 4.스틸 와인 5.제2차 발효**

## ● 샴페인 산지와 제조공정

위에 링크된 영상을 잘 시청하고 다음 질문에 답하시오.

1. 샴페인 제조에 사용되는 품종 3가지는?
2. 샴페인을 만들 때 첫 번째 발효 후에 사용되는 '블렌딩' 과정은 무엇이며, 왜 중요한가?
3. '2차 발효' 과정이 샴페인의 특성에 미치는 영향은 무엇인가?
4. 샴페인의 '르뮈아쥐'와 '데고흐쥐망' 단계는 무엇을 의미하며, 이 과정들이 샴페인의 품질에 어떤 영향을 미치나?

출처: https://youtu.be/kXb2HgTrDdE?si=XmNPU9p2c7tmXKvO
https://nath-and-you.com/

## 2. 와인 등급 시스템 이해하기

### 1) 프랑스의 품격: A.O.C.부터 Vin de Table까지

**Q: 프랑스 와인산업 발전에 중요한 위치와 기여를한 원산지 통제 명칭인 아오쎄(A.O.C. : Appellation d'Origine Contrôllée)제도의 탄생 과정은?**

**A:** - 19세기 후반, 포도 뿌리에서 기생하는 (①      )가 프랑스 포도밭을 황폐화시키면서 와인 산업에 큰 타격

- 이로 인해 와인 품질과 원산지에 대한 논의
- 1935년에 원산지 통제 명칭에 관한 법률 제정과 국립 원산지 통제 기관(INAO, Institut National des Appellations d'Origine)이 설립
- 1947년과 1957년에 AOC 제도는 와인 외에 다양한 농산물로 확대되어 프랑스 산 치즈, 버터, 올리브 오일, 축산식품 등 다양한 농산물로 적용 범위 확대
- 프랑스 등급은  그랑 크뤼 클라쎄(Grand Cru Classé), 아오쎄(AOC), 베데뀌에스(VDQS), 뱅드뻬이(Vins de Pays), 뱅드따블(Vins de Table) 등 4가지의 등급

**Q: 프랑스 부르고뉴지방에서 그랑 크뤼 클라쎄(Grand Cru Classé)의 의미와 지정 범위는?**

**A:** - 가장 높은 등급의 와인을 의미하며, 특정 포도밭(Cru)에서 생산된 와인

- 부르고뉴에 33개의 그랑 크뤼(Grand Cru) 포도밭이 지정,
- 프랑스의 다른 지역은 마을명 등급까지만 지정되나 부르고뉴 지역만 밭 등급까지 지정

- 그랑 크뤼(Grand Cru) 와인은 특정 포도밭의 토양, 기후, 지형 등의 총체적 자연조건인 테루아를 반영하며 아오쎄(A.O.C.) 규정에 따른 포도품종의 재배, 수확, 와인 양조 과정 등 엄격한 기준

**프랑스 와인 등급**

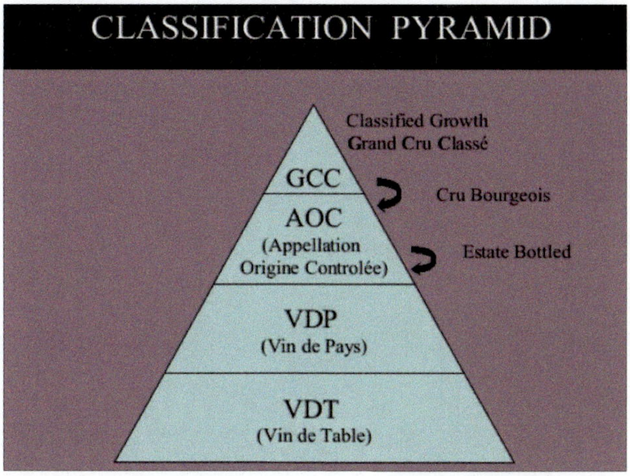


출처: https://www.slideshare.net/slideshow/

### Q: 부르고뉴에서 그랑 크뤼(Grands Crus)등급은?

**A:** - 부르고뉴에서 최상위 등급의 포도밭으로 그랑 크뤼(Grand Cru) 포도밭은 전체 부르고뉴 포도밭의 약 2%

- 와인 레이블에 포도밭의 이름으로 표기
- 대표적으로 로마네 콩티(Romanée-Conti), 샹베르탱(Chambertin), 몽라쉐(Montrachet), 리쉬부르(Richebourg) 등 33개 포도 밭 지정

### Q: 부르고뉴 프르미에 크뤼(Premiers Crus)등급은?

**A:** - 1등급 포도밭은 등급 중 두 번째로 높은 등급으로 부르고뉴 전체 포도밭의 약 10%를 차지

- 약 600여 개의 프르미에 크뤼 밭이 있으나 레이블에 표기 시 마을 명 뒤에 프르미에 크뤼만 표기되고 밭 이름은 따로 표기
- 마을명과 함께 표시됨으로 꼬뮈날(communale)등급

출처 : https://pleasurewine.com/

출처: https://www.moncopaincaviste.com/

**Q: 부르고뉴 꼬뮈날(Communales)등급은?**

**A:** - 특정 마을(Communes)에서 생산된 와인을 의미
- 약 40여개 마을 지정
- 하위 등급이나 부르고뉴 특성상 좋은 밭으로 자신들의 마을 명을 표기하는 등급

출처: https://lemarchedesvins.com/

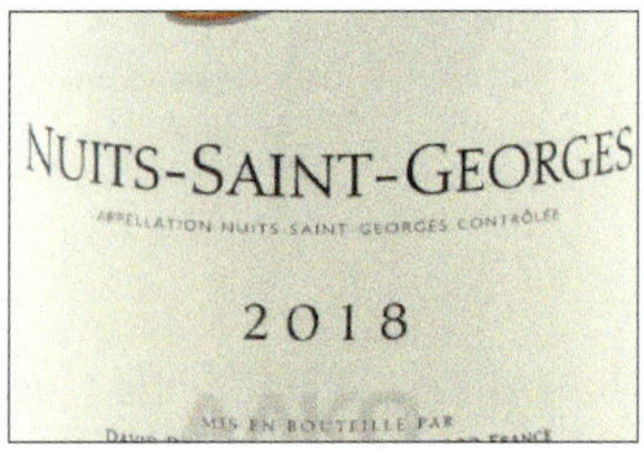


출처 : https://www.alcoplaza.ru/

**Q: 부르고뉴 레지오날(Régionales)등급은?**

**A:** - 레지오날은 '지역'을 의미하며 부르고뉴 전체를 대표하는 일반적인 품질의 와인
- 와인 라벨에는 부르고뉴(Bourgogne)이라는 명칭이 포함
- 부르고뉴의 일반적인 밭에서 생산된 와인으로 아오쎄(A.O.C.)규정을 통과한 와인

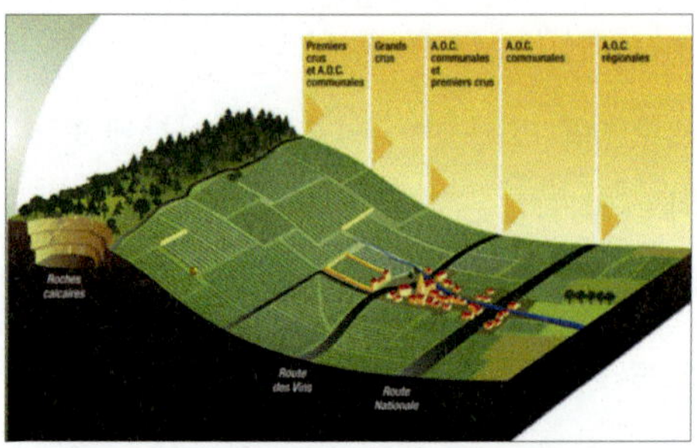


출처 : https://www.pierre-bourgogne.fr/

## ● 부르고뉴 와인등급

위에 링크된 영상을 잘 시청하고 등급별 차이에 대해 적어보시오.

1. 그랑 크뤼:
2. 꼬뮈날(빌라쥐):
3. 레지오날:

출처: https://youtu.be/-VgeLL8uMBY?si=nnQ5SD5k170UBV3T

https://www.vinotrip.com/

**Q: 프랑스 와인 최고 등급 중 하나인 아오쎄(A.O.C.) 의미와 특징은?**

**A:** - 원산지통제명칭이란 의미로 아펠라시옹 도리진 꽁트롤레(Appellation d'Origine Contrôlée)의 약자

- 와인 및 기타 농산물의 원산지 명칭을 보호하는 등급 시스템
- 특정 지리적 지역에서 생산된 와인만 해당 명칭을 사용할 수 있도록 보호

출처: https://www.vinsvignesvignerons.com/

- 각 지역에서 허용되는 포도 품종을 규제
- 포도 재배 방법, 수확 시기, 와인 양조 과정 등도 관리
- 품질을 유지하기 위한 조치로 포도밭에서 허용되는 최대 (②　　)을 제한
- 최소 알코올 도수를 규정
- 상위 등급이지만 등급 지정이 고급 와인을 의미하지 못함

**Q: 베데퀴에스(V.D.Q.S.)등급의 의미와 특징은?**

**A:** - 과거 프랑스 와인 등급 체계에서 사용되던 등급으로 우수 품질 한정 와인 의미
- 베데뀌에스(VDQS: Vins Délimités de Qualité Supérieur)는 아오쎄(A.O.C.)보다는 덜 엄격하지만, 지역명칭 와인인 뱅 드 페이(Vin de Pays)보다는 더 엄격한 규제를 받는 등급
- 아오쎄(A.O.C.)등급에 도달하기 전에 와인의 품질을 보증하기 위한 단계로 사용
- 2011년부터 새로운 베데퀴에스(V.D.Q.S.) 지정은 중단되었으며, 기존 등급 와인들은 점차 아오쎄(A.O.C.)나 다른 등급으로 전환

출처 : https://saraswineblog.blogspot.com/

**Q: 지방명 와인 등급인 뱅 드 뻬이(Vins de Pays)의 의미와 특징은?**

**A:** - 1960년대 말에 제정
- 이 등급은 지역적 특성을 강조하면서도 생산자에게 더 많은 유연성을 제공
- 생산 지역의 특성을 반영하면서도 품질을 유지하는 것이 중요
- 와인 라벨에 사용된 포도 품종 표시 가능
- 현재는 이지피(IGP: Indication Géographique Protégée)등급으로 통합

출처 : https://www.beyond.fr/

**Q: 최하위 등급인 뱅 드 따블(Vins de Table)의 의미와 특징은?**

**A:** - 와인의 라벨에 특정 지역 명칭을 표시 불가능
- 지리적 제한이 없어 특정 지역 및 국가에 국한되지 않음
- 포도 품종이나 수확 연도를 라벨에 표시 불가능
- 특정 품종 사용에 대한 제한이 없으며 생산 방식에 대한 규제가 매우 적어 와인 생산자에게 상당한 유연성을 제공
- 2009년 뱅 드 따블(Vin de Table)은 지리적 표시가 없는(SIG : Sans Indication Géographique) 새로운 등급 와인인 뱅 드 프랑스(Vin de France)로 대체

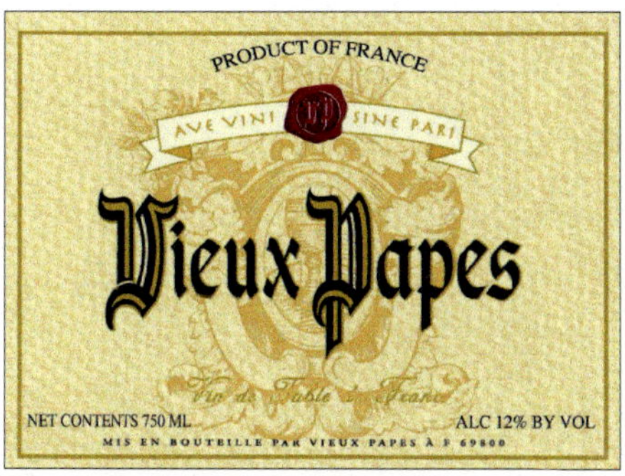


출처 : https://www.wine.com/

출처 : https://www.cellartracker.com/

## ● 프랑스 와인등급의 역사

위에 링크된 영상을 잘 시청하고 아래의 질문에 답하세요.

1. 프랑스 대혁명 이후 포도밭과 와인 산업에 어떤 변화가 있었나?
2. 1855년 보르도 메도크 등급 체계는 어떻게 만들어졌나?
3. '샤토 무통 로칠드'가 2등급에서 1등급으로 승격된 이유와 그 과정은 무엇인가?
4. AOC(원산지 명칭 통제법)는 1935년에 제정되었는데, 이 법의 도입이 프랑스 와인 산업에 미친 영향은 무엇인가?
5. 프랑스의 와인 등급 체계가 이탈리아나 스페인 등의 다른 나라에 어떤 영향을 미쳤나?

출처: https://youtu.be/Fa4ulggUxrg?si=INuTpVsb7953rMIx
https://www.maisonriviere.fr/

**프랑스 AOP 등급**

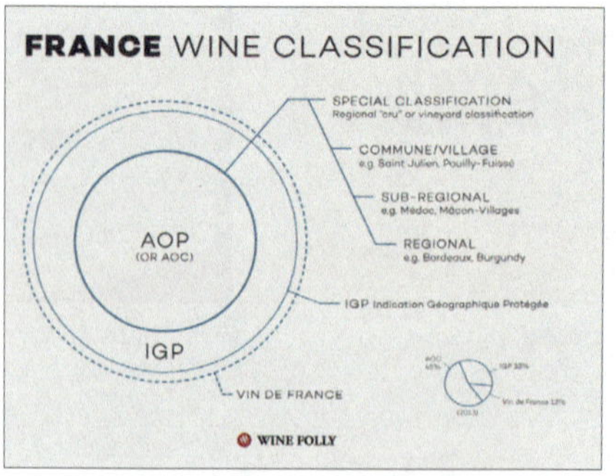


출처 : https://winefolly.com/

## 2) 이탈리아의 자부심: D.O.C.G., D.O.C. 그리고 I.G.T.

**Q: 이탈리아 와인 등급의 탄생은?**

**A:** - 이탈리아 와인의 품질과 전통을 보호하기 위해 1960년대에 도입
- 프랑스의 AOC와 유사한 개념
- 각각의 등급은 와인의 품질, 생산지, 재배 및 생산 방식 등의 기준을 포함

**Q: 디오치지(D.O.C.G.: Denominazione di Origine Controllata e Garantita)등급의 의미와 등급 기준은?**

**A:** - '통제 및 보증되는 원산지 명칭'의 의미로 이탈리아 와인 등급 체계 중 가장 높은 등급
- 약 70여개 생산지역이 디오치지(D.O.C.G.)등급으로 지정
- 이탈리아의 주요 와인 생산 지역 중 피에몬테(Piémonte)가 현재 디오치지(D.O.C.G.)에 가장 많은 9개의 크뤼(Crus)가 등록 된 지역이며, 영원한 라이벌인 토스카나(Toscana)는 7개의 지역이 지정
- 특정 지역에서 특정 포도 품종만 사용해야 하며 최소 숙성 기간, 수확량 제한, 재배와 양조 과정에 대한 엄격한 규정, 그리고 품질 관리 검사 및 정부 위원회 승인이 필요
- 와인 병목에 정부의 (③ )를 부착
- 주요 디오치지(D.O.C.G.) 와인으로는 바롤로 (Barolo), 바르바레스코(Barbareco), 브루넬로 디 몬탈치노(Brunello di Montalcino), 키안티 클라시코(Chianti Classico), 아마로네 델라 발폴리첼라 (Amarone della Valpolicella)

출처 : https://www.tannico.com/

**Q: 디오치(D.O.C.: Denominazione di Origine Controllata)등급의 의미와 등급 기준은?**

**A:** - 디오치(D.O.C.)는 원산지 통제 명칭의 의미
- 특정 지역에서 지정된 포도 품종 사용과 양조 방법, 수확량 제한, 품질 검사와 관능 검사 그리고 지역 위원회 승인
- 현재 약 330개의 디오치(D.O.C.)와인이 지정
- 주요 디오치 산지는 바르베라 다스티(Barbera d'Asti),돌체토 디 도그리아니(Dolcetto di Dogliani), 소아베 (Soave), 로쏘 피체노(Rosso Piceno)

출처 : https://www.de-burgh.com/

출처 : https://www.winealign.com/

**Q: 지리명 표기 와인 등급인 이지티(I.G.T.: Indicazione Geografica Tipica)등급의 의미와 등급 기준은?**

**A:** - 특정 지역에서 생산된 와인 임을 보증 등급
- 상위 등급보다 규제가 덜 엄격한 등급으로, 생산자에게 더 많은 유연성을 제공
- 1995년부터 시행된 이지티(I.G.T.)등급은 상위 등급은 아니지만 슈퍼 토스칸(Super Tuscan)사례에서 볼 수 있듯이 과거의 규정으로 고품질 와인이 하위의 이지티(I.G.T.)등급을 받는 경우도 있었으나 그후 와인 중 일부는 상위 등급으로 격상되어 승인되었지만 대부분은 여전히 이지티(I.G.T.) 라벨을 사용하는 것을 선호
- 지정된 지역은 상위 등급인 디오치(D.O.C.) 및 디오치지(D.O.C.G.)규정에 지정된 지역보다 광위권
- 포도가 재배되고 생산된 지역이 라벨에 표시
- 포도 품종과 양조 방법에 대한 규제가 상대적으로 유연

- 주요 이지티(I.G.T.) 와인 산지는 토스카나(Toscana), 베네토(Veneto), 시칠리아(Sicilia)

출처 : https://winenews.it/

출처 : https://www.lucianopignataro.it/

**Q: 비노 다 따볼라(Vino da Tavola)등급의 의미와 규정은?**

**A:** - 이탈리아 와인 등급 체계 중 가장 낮은 등급
- 일상적으로 마시는 테이블 와인을 의미
- 포도 품종, 재배 및 양조 방법에 대한 규제가 거의 없음
- 라벨에 생산 지역이 표시 못하며 매우 저렴하고 일상적으로 소비되는 와인

**이탈리아 와인 등급**

출처: https://glossariodelvino.it/

## ● 아탈리아 최고 등급 DOCG

위에 링크된 영상을 잘 시청하고 아래 질문에 답하시오.

1. 이탈리아 와인 등급 체계에서 가장 낮은 등급과 가장 높은 등급은 무엇이며, 그 차이점은 무엇인가?
2. DOCG 등급이 부여되기 위해 와인은 어떤 조건을 충족해야 하나?
3. DOCG 등급 와인이 항상 비싼 것은 아니라는 이유는 무엇인가요?
4. 이탈리아 와인 등급 체계가 프랑스의 등급 체계를 벤치마킹한 것이라는 점에서, 두 나라의 와인 등급 체계의 유사점과 차이점은 무엇인가?

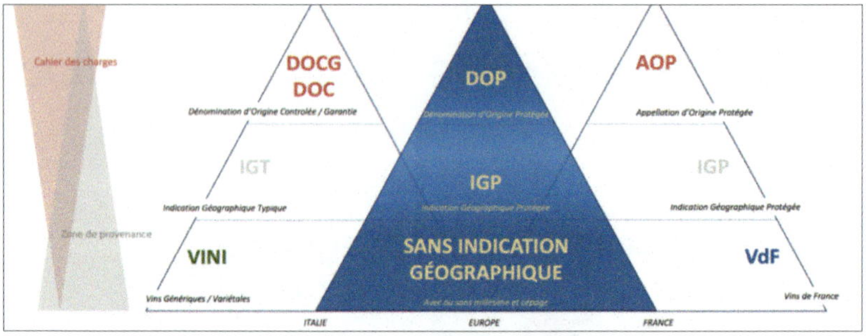


출처: https://youtu.be/bw-ZKRXhT8w?si=1U7rTD7iO1V3Gnjd
https://vinoterso.com/

### 3) 스페인의 전통: D.O.Ca, D.O. 그리고 Vino de Pago

**Q:** **스페인 와인등급의 탄생은?**

**A:** - 스페인의 첫 공식 와인 등급 체계인 데오(D.O. : Denominación de Origen) 는 1932년에 도입

- 1970년 스페인 와인법이 개정되면서 D.O. 체계가 강화됨

- 1991년 스페인은 최고 품질의 등급인 품질보증원산지명칭 데오쎄(D.O.Ca :Denominaciónes de Origen Calificada) 등급을 도입
- 2000년대 들어 와인의 다변화와 품질 보증을 위해 비노 데 빠고(Vinos de Pago)와 베쎄이헤(VCIG: Vinos de Calidad con Indicación Geográfica) 등 새로운 등급 도입

**Q: 새로운 비노 데 빠고(Vino de Pago)등급 도입 취지와 규정은?**

**A:** - 고품질의 와인을 생산하는 (④ )이나 와이너리에 적용되는 분류 등급
- 2003년 스페인 의회의 결정에 따라 스페인 와인의 품질을 더욱 향상시키기 위해 도입
- 프랑스에서 시행되는 그랑 크뤼(Grand Cru) 시스템과 유사한 시스템
- 빠고(pago)라는 용어는 스페인어로 농원이나 지역을 의미하는 단어
- 정의된 지역 또는 단일 포도원
- 요구 조건으로는 먼저 와인을 생산하는 와이너리가 소유해야 하고, 포도원이나 포도 밭은 등록된 데오(D.O.)에 속해야 하며, 비노 데 빠고의 지위를 받을 가치가 있는 고유한 특성을 입증
- 2021년 현재 20여 개의 비노 데 빠고(Vinos de Pago) 지정

출처 : https://www.vinosbaco.com/

출처 : https://www.infovinos.es/

**Q: 데오쎄(D.O.Ca: Denominación de Origen Calificada)등급이란?**

**A:** - 스페인 와인 규정에서 지역명 등급 중 가장 높은 등급
- 오랜 기간 동안 지속적으로 뛰어난 품질과 명성을 보여준 와인 지역에 적용
- 리오하(Rioja)는 1991년 스페인 최초로 데오쎄(D.O.Ca) 지위를 획득
- 2003년에는 프리오랏(Priorat)지역 지정

PRIORAT
Denominació d'Origen Qualificada

출처 : http://descorchalo.com/

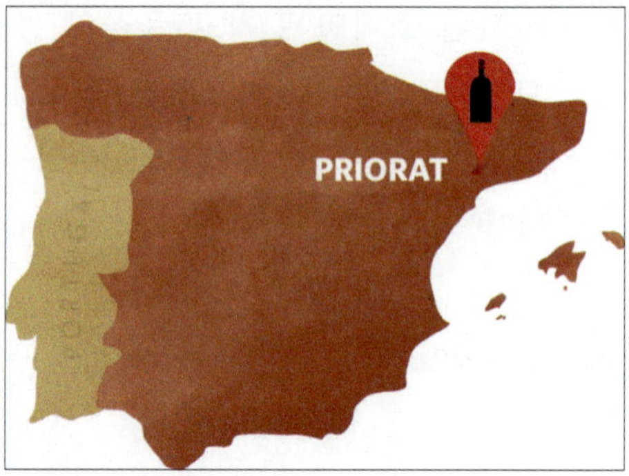


출처 : https://www.vivino.com/

**Q: 데오(D.O. : Denominación de Origen)등급이란?**

**A:** - 스페인 원산지 명칭 관리 시스템의 중심이 되는 등급

- 지역의 경계, 허용 품종, 최대 수확량, 숙성 기간, 생산 방법, 알코올 도수 제한 등 규정
- 규제 위원회인 꼰쎄호 레귤라도르(consejo regulador)에 의해 관리

**스페인 Denominación de Origen 등급 지역**

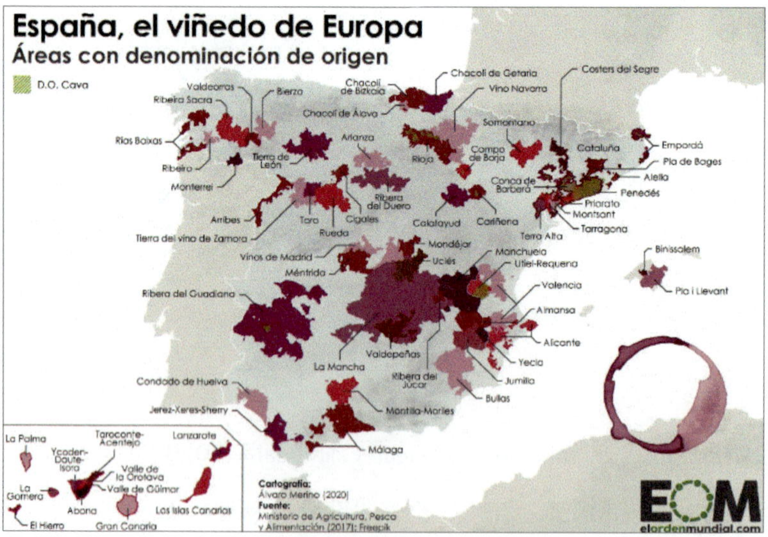


출처: https://elordenmundial.com/

**Q: 베쎄이헤(VCIG: Vino de Calidad con Indicación Geográfica)등급의 특징은?**

**A:** - 지리적 표시가 있는 고품질 와인의 의미인 등급
- 2003년 비노 데 빠고 등급과 함께 제정된 등급
- 이 등급은 상위 등급인 데오(D.O.) 규정의  엄격한 기준을 완전히 충족하지는 않지만 하위 등급인 비노 데라 따볼라(VdlT)의 기준을 초과하는 와인에 사용
- 프랑스의 베데퀴에스(V.D.Q.S.)등급처럼 상위등급인 데오(D.O.)로 승격되기 전에 품질을 인증받기 위한 중간 단계
- 특정 지역의 지리적 특징을 반영하며, 품질이 보장되는 와인 등급

**Q: 비노 데 라 티에라(vino de la tierra)등급의 의미와 특징은?**

**A:** - 지역 와인으로 번역되며, 특정 지역의 포도로 만들어진 와인으로 프랑스어 원산지 통제 명칭의 뱅 드 뻬이(vin de pays)와 유사한 등급
- 지역의 기후와 토양 특성을 반영
- 새로운 등급 시스템인 이헤뻬(IGP : indicación geográfica protegida)라고 불리지만 비노 데 라 티에라(vino de la tierra)라는 전통적인 이름을 사용 가능
- 2019년 스페인에는 42개의 지역에 비노 데 라 띠에라 등급 지정

출처 : https://soysuper.com/

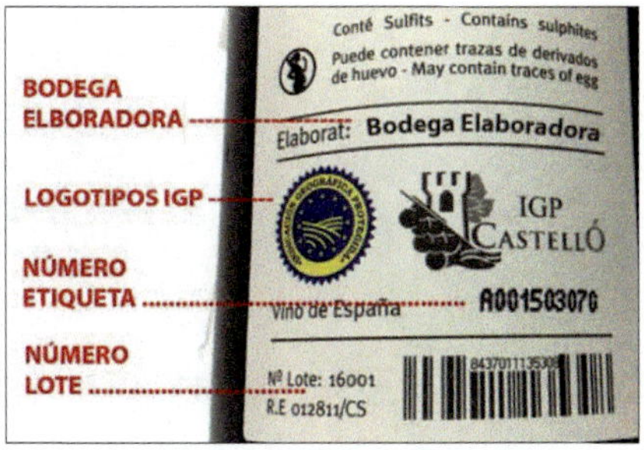

출처 : http://igpcastello.com/

**Q: 비노 데 메사(Vino de Mesa)는 와인 등급의 의미와 규정은?**

**A:** - 테이블 와인이라는 의미로 와인 등급 피라미드 가장 하단에 위치
- 아직 분류되지 않은 포도밭에서 생산된 와인
- 품종 블렌딩을 통해 분류 할 수 없는 와인 등이 포함된 등급

- 이 등급은 저렴한 저그 와인부터 전통적인 방식을 벗어난 혁신적 와인 제조 법이나 특이한 품종을 사용하여 아직 미분류된 일부 고가 와인도 포함
- 따라서 특정 지역의 규제를 받지 않으며, 포도 품종과 생산 방법에 전혀 제한이 없는 등급

**스페인 와인 등급**

출처: https://argataca.blogspot.com/

## ● 스페인 와인

위에 링크된 영상을 잘 시청하고 아래의 질문에 답하시오.

1. 스페인의 주요 와인 생산지들은 어떤 기후와 토양 조건을 가지고 있으며, 지역별로 기후가 어떻게 다르나?
2. 스페인에서 'DO' 등급을 받은 지역이 'DOC'로 승격되기 위해서는 어떤 조건을 충족해야 하나?
3. 스페인 와인에서 '비노 데 빠고(VP)' 등급이란 무엇이며, 이 등급이 부여되는 와인에 어떤 특별한 특징이 있나?
4. 스페인의 와인 등급에 따라 오크통 및 병 숙성 기간이 어떻게 달라지나?

출처: https://youtu.be/FQj8iRqLhrg?si=a3UsLhD3A8_MZRf4
https://www.relaisduvin.com/



### 4) 독일의 달콤함: Eiswein에서 Tafelwein까지

**Q: 독일 와인 등급의 탄생 과정은?**

**A:** - 1971년 현대적인 독일 와인 등급 체계의 기초가 되는 법률 제정
- 타펠바인(Tafelwein), 란트바인(Landwein), 크발리테츠바인(Qualitätswein), 프라디카츠바인(Prädikatswein) 등급 확립

**Q: 타펠바인(Tafelwein) 의미와 특징은?**

**A:** - 테이블 와인을 의미하며 지리적 표시가 없는 저가 와인
- 프랑스 등급의 뱅 드 따블(Vin de Table)등급과 유사
- 순수하게 독일 내에서 생산된 포도만을 사용시 와인의 라벨에 도이처 타펠바인(Deutscher Tafelwein) 표시

출처 : https://picclick.com/

**Q: 란트바인(Landwein)의 의미와 특징은?**

**A:** - 독일 와인 등급 체계에서 두 번째로 낮은 등급으로, 지역 와인 의미
- 프랑스 뱅드뻬이(Vin de Pays)등급과 유사
- 특정한 지리적 지역에서 생산된 와인 부여
- 와인의 라벨에는 해당 지역명 표시
- 빈티지(Vintage) 및 사용된 포도 품종 표시
- 독일 와인 시장에서 일상적으로 소비되는 와인

출처 : https://www.vivino.com/

출처 : https://www.cellartracker.com/

**Q: 좋은 품질 와인을 의미하는 크발리테츠바인**(Qualitätswein, Qualitätswein bestimmter Anbaugebiete : QbA)**의 규정과 특징은?**

**A:** - 13개 특정 와인 재배 지역(Anbaugebiete) 중 한 곳에서 생산된 와인
- 라벨에 해당 지역을 표시해야 하며 프랑스의 아오쎄(A.O.C.)등급과 유사
- 레이블에 크발리테츠바인(Qualitätswein)이라 표기
- 생산 과정에서 당분 추가 허용
- 최소 알코올 도수는 7% 이상
- 와인 스타일은 드라이에서 세미 스위트까지 다양

출처 ; https://www.wineenthusiast.com/

출처 : https://www.cellartracker.com/

**Q: 프레디카트츠바인(Prädikatswein /Qualitätswein mit Prädikat : QmP)등급의 의미와 특징은?**

**A:** - 독일 와인에서 가장 높은 품질 수준의 등급
- 공식 품질 테스트와 생산 방법 및 포도의 숙성 정도와 관련 고품질 와인에 대한 최소 요구 사항 충족하는 원산지 보호 지정 와인
- 포도의 당도가 높은 상태에서 수확
- 추가적인 (⑤ )는 허용되지 않음
- 드라이한 와인부터 스위트한 디저트 와인까지 생산

**Q: 카비넷(Kabinett) 등급의 특징은?**

**A:** - 포도는 상위 등급인 스패트레제(Spätlese)보다 일찍 수확
- 포도는 상대적으로 낮은 당도와 높은 산미
- 프라디카츠바인(Prädikatswein) 체계에서 가벼운 스타일의 와인
- 아로마는 사과, 복숭아, 감귤, 미네랄리티
- 샐러드, 해산물, 가벼운 파스타 요리, 그리고 아시아 음식과 잘 매칭

출처 : https://www.wine.com/

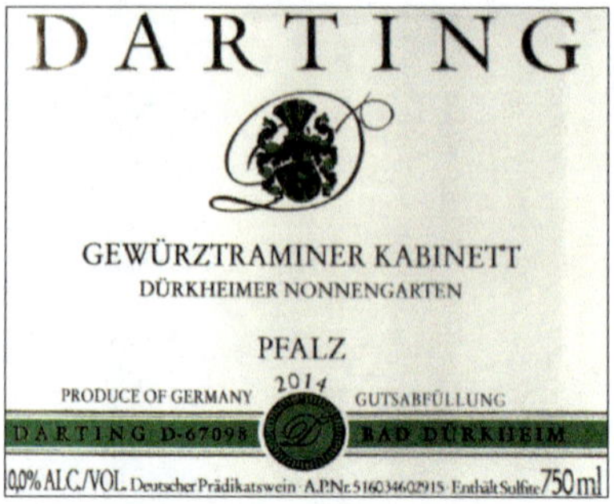


출처 : https://winelibrary.com/

**Q: 스페트레제(Spätlese)등급의 특징과 의미는?**

**A:** - 포도 수확 시기와 관련이 있으며, 독일어로 "늦은 수확"을 의미
- 일반적인 수확 시기보다 늦게 수확하여 당도 높은 상태에서 와인 제조
- 늦은 수확으로 인해 포도는 더 많은 천연의 당분을 함유
- 결과적으로 짙은 아로마와 바디감이 뛰어나며 과일, 꿀, 꽃 등의 향이 풍부
- 주로 리슬링(Riesling), 그 외 실바너(Silvaner), 그라우부르군더(Grauburgunder) 등 사용

출처 : https://www.cellartracker.com/

출처 : https://www.vivino.com/

**Q: 아우스레제(Auslese)의 의미와 특징은?**

**A:** - 손으로 선별하여 늦게 수확 하여 만든 와인
- 복합적인 아로마와 풍미
- 열대 과일, 꿀, 건포도, 꽃 등의 향

출처 : https://www.wine.com/

**Q: 베렌아우스레제(Beerenauslese)의 의미와 특징은?**

**A:** - 특별히 선별된 고품질의 포도를 의미
- 늦게 수확한 포도 중에서 특히 당도가 높은 포도만을 골라 만들어진 와인
- 귀부병(botrytis cinerea)에 감염되어 포도당을 더욱 농축시키고 독특한 맛을 부여
- 귀부병은 수분 증발과 당도를 농축
- 꿀, 열대 과일, 건포도, 꽃, 스파이스 등의 풍부한 향
- 매우 높은 당도와 산미 덕분에 수십 년 동안 보관
- 시간이 지남에 따라 더욱 복잡한 맛 표출

출처 : https://www.wine.com/

**Q: 트로켄 베렌아우스레제(Trocken beerenauslese)의 의미와 특징은?**

**A:** - 독일 와인 등급 체계에서 가장 높은 등급 중 하나
- 귀부병에 걸린 포도가 수분을 거의 다 잃고 건포도처럼 건조된 상태

- 등급 중 당도가 가장 높은 편에 속하며, 매우 진하고 복잡한 단맛
- 꿀, 열대 과일, 건포도, 카라멜, 꽃, 독특한 스파이스 향
- 매우 높은 당도와 산미로 장기간 보관 숙성할 수 있는 최고급 와인

출처 : https://www.wine.com/

출처 : https://www.cellartracker.com/

**Q: 아이스바인(Eiswein)의 의미와 특징은?**

**A:** - 매우 추운 날씨에 수확

- 포도가 얼어붙은 상태에서 일일이 손으로 수확되는 희귀한 디저트 와인
- 포도즙은 매우 농축된 상태로 추출
- 꿀, 열대 과일, 사과, 배, 복숭아 등의 복합적인 아로마와 풍미
- 매우 높은 당도와 균형 잡힌 산도
- 고가의 스위트 와인으로 빈티지가 좋지 않은 해는 생산되지 않음

출처 : https://www.wine.com/

독일 와인 등급

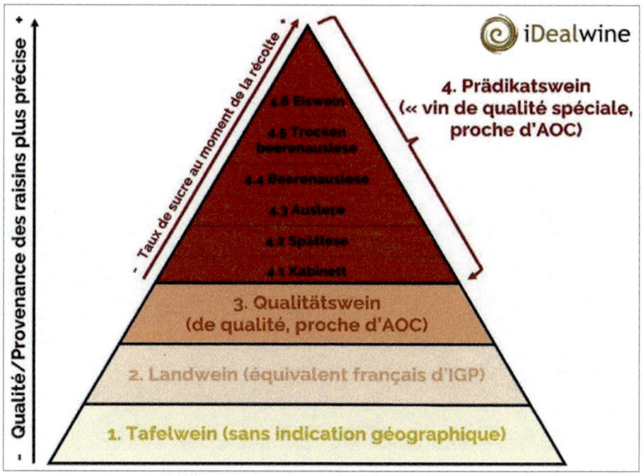


출처: https://www.idealwine.net/

정답: 1.**필록세라(Phylloxera)** 2.**수확량** 3.**보증 스티커** 4.**특정 포도밭** 5.**당분 첨가**

## ● 독일 와인 등급

위에 링크된 영상을 잘 시청하고 아래의 질문에 답하시오.

1. 프레디카츠바인(Prädikatswein) 등급은 어떤 기준에 따라 나뉘며, 이 등급의 와인들은 어떤 특징을 가지고 있나?
2. 트로켄베렌아우스레제(Trockenbeerenauslese)는 어떤 포도를 사용해 만들어지며, 이 등급의 와인은 어떤 특성을 가지고 있나?
3. 독일 와인에서 '아우스레제(Auslese)' 등급의 와인은 어떤 방식으로 수확된 포도를 사용하며, 이 등급의 와인이 가지는 주요 특징은 무엇인가?

4. 기후 온난화가 독일 와인 생산에 미친 영향은 무엇이며, 이를 반영하여 독일 와인 법에 어떤 변화가 필요하게 되었나?

출처: https://youtu.be/w477ICSBE7E?si=XujiHLu58diwybVR
https://www.wineenthusiast.com/

# 4

# 와인병과 글라스의 비밀

# 1. 와인병 이야기

## 1) 와인병 해부학: 캡슐부터 펀트까지

**Q: 병목 부분을 감싸고 있는 캡슐(Capsule)의 기능은 무엇일까?**

**A:** - 와인 코르크 보호와 코르크 손상과 오염 방지
- 외부 공기와의 접촉을 줄여 와인 산화 최소화
- 고가 와인의 경우 위조를 방지하는 기능
- 와인의 외관을 더욱 고급스럽고 세련되게하는 장식적 디자인적 기능
- 캡슐의 재질은 알루미늄, 주석, 플라스틱, 왁스 등으로 밀봉

**Q: 와인 병을 밀봉하여 와인을 보존하는 클로저(closure)의 종류는?**

**A:** - 천연 코르크(Natural Cork):
  · 참나무의 껍질로 만든 전통적인 마개로 천연 코르크는 미세한 공기 흐름을 허용해 와인의 숙성에 도움
  · 소비자에게는 클래식하고 고급 와인의 느낌
  · 코르크 오염(TCA)이라는 결함이 발생으로 와인의 맛과 향을 변질
- 스크루 캡(Screw Cap):
  · 일부 (①　　) 산지나 중저가형 주류에 가장 많이 사용되는 클로저
  · 코르크 오염의 위험이 없고, 병 오픈 용이함
  · 와인 병을 세워서 보관 가능
- 합성 코르크(Synthetic Cork):
  · 플라스틱 소재로 만들어진 코르크 대체물
  · 저렴한 가격에 코르크 오염의 위험성이 없고, 천연 코르크와 비슷한 사용감 제공
  · 천연 코르크만큼의 미세 공기 흐름 제공 한계로 장기 숙성 와인에 부적합
- 비노락(Vinolok)
  · 오스트리아와 독일 와인에서 찾을 수 있는 유리로 만들어진 클로저
  · 코르크 오염의 위험이 없고, 고급스러운 외관
  · 와인의 신선함을 유지하는 데 효과적이나 고가의 비용
- 크라운 캡(Crown Cap):

· 병맥주와 유사한 금속 마개로 저렴하고 밀봉이 확실
· 스파클링 와인 양조 과정에서 사용

**Q: 병목(Neck)의 기능은?**

**A:** - 좁은 병목은 병 안의 공기와 와인의 접촉 면적이 줄어들어 산화를 최소화
- 와인을 잔에 따를 때 와인의 흐름을 제어
- 코르크 밀착으로 공기나 이물질 유입 방지

**Q: 숄더(Shoulder)의 위치와 기능은?**

**A:** - 병 목 아래에서 병 바디로 이어지는 부분
- 숄더를 넘어서기 전에 침전물을 확인, 침전물 분리 기능
- 와인 병의 외관을 세련되게 하는 시각적 기능
- 숄더의 구조로 병목 부분에서 코르크의 안정적 밀봉 도움

**Q: 와인 병의 중심에 위치한 바디(Body) 또는 바틀(Bottle)의 기능은?**

**A:** - 와인이 주로 저장되는 부분으로, 와인의 양과 용량을 결정
- 바디의 두께와 재질은 외부 온도의 변화를 줄여 와인 온도를 조절
- 외관 디자인은 와인의 지역별 브랜드 인식에 도움

**Q: 와인 라벨(Label)의 정보기능은?**

**A:** - 생산자의 브랜드 인식을 용이하게 함
- 와인 관련 생산지, 포도 품종, 생산 연도, 시음 온도 등의 유용한 정보 제공
- 법적으로 요구되는 정보 표시

**Q: 펀트(Punt)의 기능은?**

**A:** - 병 바닥에 있는 (② )을 모으는 기능
- 병의 강도를 강화
- 와인을 따를 때 병을 안정적으로 잡을 수 있게 도와줌
- 고급 와인병에서 주로 사용되어 와인 병의 디자인적 세련미 표출

**Q: 휠(Heel)의 위치은?**

**A:** - 와인병 바닥의 둥근 가장자리 부분을 지칭

- 소믈리에가 와인 서빙시 격식 있는 분위기 연출

와인병의 구조

출처 : https://londonwinecompetition.com/

## 2) 보르도 와인병의 당당함: 어깨가 각져있는 이유

**Q: 보르도 지방에서 사용되는 와인 병의 특징과 기능은?**

**A:** - 병목이 길고 (③ )는 와인을 따를 때 와인의 흐름을 제어하기 용이

- 각진 숄더는 침전물이 병 바닥에 모이도록 도와주며, 와인을 따를 때 침전물을 걸러주는 효과
- 직선적인 디자인은 장기 숙성에 유리하며 라벨 부착 용이성과 저장 및 운반 시 공간 효율성 좋음

보르도 와인병

출처 : https://www.jamessuckling.com/

### 3) 부르고뉴 병의 우아함: 경사진 어깨의 매력

**Q:** 부르고뉴 와인병의 외관적 특징과 기능은?

**A:** - 숄더가 낮고 완만하게 경사져 전체적인 디자인이 부드럽고 우아함
- 넓고 둥글게 디자인된 바디는 와인이 숙성되는 동안 충분한 공간 제공
- 단일 품종과 적은 침전물은 낮고 완만한 숄더 사용을 가능

부르고뉴 와인병

출처 : https://wines.travel/

출처: https://www.chateauderougeon.com/

**Q:** 많이 사용되는 와인병의 크기에 따른 명칭과 특징은?

**A:** - 피콜로(Piccolo):
· 가장 작은 187.5ml의 소용량
· 1인 식사용 또는 카페테리아에서 개인 손님을 위해 판매 제공되는 와인 병
-드미(Demi):
· 1/2 사이즈를 뜻하며 일반 와인 병의 반 분량인 375ml

· 주로 (④ ) 와인 병으로 많이 사용

- 부테이(Bouteille):

  · 대부분의 스텐다드(Standard) 와인병 크기

  · 보통 4~6잔 분량

- 매그넘(Magnum):

  · (⑤ ) 크기의 대용량 사이즈

  · 사이즈가 큰 와인 병에서 와인은 서서히 숙성됨

  · 대용량의 와인 병은 대형 이벤트나 중요한 기념일 등 행사용

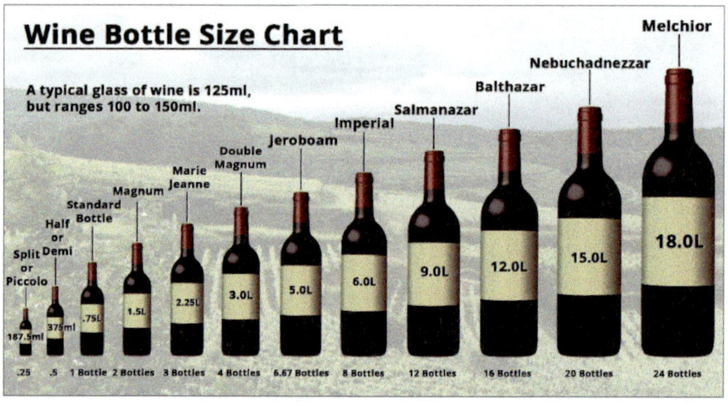


출처: https://size-charts.com/

**정답:** 1.신세계 와인 2.침전물 3.직선적인 구조 4.귀부 와인이나 와이스바인 용 5.1.5리터

## ● 와인 병 사이즈

위에 링크된 영상을 잘 시청하고 아래 질문에 답하시오.

1. 187ml 용량의 와인병은 어떤 이름으로 불리며, 주로 언제 사용되나?

2. 750ml 와인병을 일반적으로 어떤 이름으로 부르나?

3. 1.5리터 용량의 와인 병은 어떤 이름을 가지고 있으며, 이 병이 주로 사용되는 상황은 무엇인가?
4. 3리터 용량의 와인병은 '더블 매그넘'이라고 불리는데, 이 병의 크기가 맛에 어떻게 영향을 미친다고 하나?
5. 6리터 또는 12리터 크기의 와인병은 시중에서 보기 어려운데, 이런 대형 와인병은 주로 어떤 상황에서 사용되나?

출처: https://youtu.be/jruY3xx4HII?si=MB72crzXReNv78TL
https://www.vinsetchampagne.fr/

## 2. 와인 글라스의 세계: 모양에 숨겨진 과학

### 1) 와인 글라스 탐구: 림에서 베이스까지

**Q: 림(Rim)의 위치와 기능은 무엇인가?**

A: - 글라스의 상단 입술이 닿는 부분
- 와인이 입에 들어가는 각도를 조절하여 와인의 향과 맛 음미
- 얇고 부드러운 림은 시음시 느낌을 더 좋게함

**Q: 볼(Bowl)의 위치와 기능은?**

A: - 글라스의 중앙에 와인을 담는 부분
- 둥그런 볼은 와인의 향을 모아주는 역할
- 스월링(Swirling)시 (① )와의 접촉을 증가시켜 와인의 향을 발산시킴
- 향 잔에 머물 수 있도록 입구는 오목하게 패어 들어감

**Q: 스템(Stem)의 위치와 기능은?**

**A:** - 글라스의 중앙 하단 부분으로 볼과 베이스를 연결하는 가늘고 긴 부분
- 와인의 (② )를 유지

**Q: 베이스(Base)의 위치와 기능은?**

**A:** - 글라스의 맨 아래 평평한 부분
- 잔이 테이블에 안정적으로 놓일 수 있도록 해주는 부분
- 글라스 손잡이 역할
- 베이스에 세련된 커팅이나 장식으로 디자인적 요소 충족
- 넓은 베이스는 와인 스월링시 잔의 안정적 유지 가능

## ● 와인 글라스 세척 관리

위에 링크된 영상을 잘 시청하고 아래 질문에 답하시오.

1. 와인잔을 세척할 때 최소한의 세제를 사용하는 이유는 무엇인가?
2. 끓인 물로 와인잔을 세척하는 방법의 장점은 무엇인가?
3. 와인잔을 닦을 때 주의해야 할 중요한 포인트는 무엇인가?
4. 와인잔을 비틀지 않고 세척하는 방법은 무엇인가?
5. 고급 와인잔이 쉽게 깨지는 이유는 무엇인가?

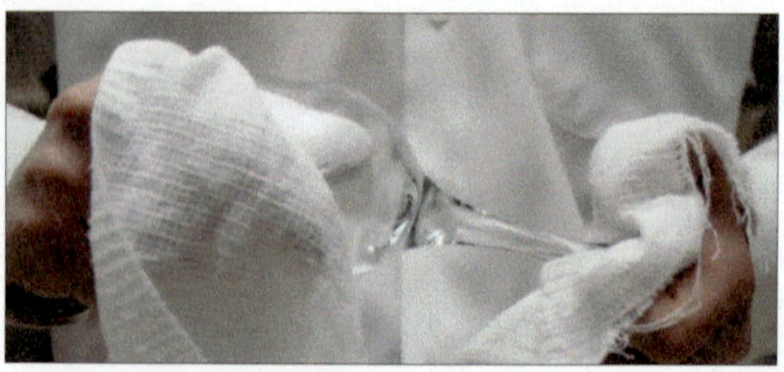

출처: https://youtu.be/HhVl9KS1LmU?si=qQRr—aaAVktMiOx
https://www.cook-and-co.com/

와인 글라스 구조

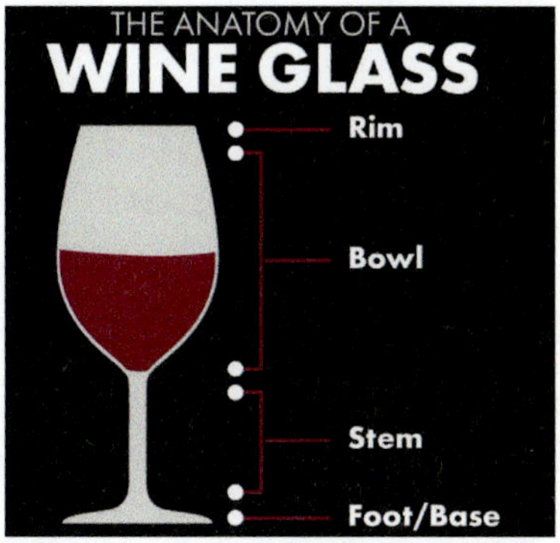


출처 : https://www.beveragefactory.com/

## 2) 글라스의 향연: 어떤 잔이 좋을까?

레드 와인 글라스

화이트 와인 글라스

로제 와인 글라스

출처: https://www.villeroy-boch.fr/

**Q: 레드 와인 글라스의 일반적인 특징은?**

**A:** - 복잡한 부케(Bouquet)를 발산하기 위해서는 충분한 공간이 필요하기에 레드 와인 잔은 일반적으로 크고 넓고 둥근 볼이 특징

- 넓은 볼은 와인이 산소와 충분히 접촉하도록 도와주어 와인의 풍미를 극대화

**Q: 보르도 글라스의 특징은?**

**A:** - 보르도 와인 글라스는 (③        )에 가장 적합한 큰 잔 형태

- 좁은 입구와 몸통이 넓은 디자인은 와인 향 집중도 상승
- 글라스의 입구가 좁아지면서 와인이 입에 닿을 때 정밀하게 감지

**Q: 부르고뉴 글라스의 특징은?**

**A:** - 넓고 둥근 볼은 와인의 공기와의 접촉을 크게 하여, 향이 더 빨리 발산
- 비교적 짧은 스템으로 사용시 편안함과 안정감
- 펼처진 입구는 와인을 마실 때 향이 입안으로 잘 전달되도록 돕고, 향과 맛을 더욱 풍부하게 느끼게 함

**와인 글라스**

출처 : https://www.vpmerchants.com/

**Q: 화이트 와인 글라스의 특징은?**

**A:** - 차가운 온도로 서빙는 특성에 맞춰 볼 부분이 슬림하고 좁은 형태
- 좁은 입구는 와인의 신선한 향미를 잘 보존함
- 긴 스템은 와인을 차갑게 유지하며, (④ )

**Q: 로제 와인 글라스의 특징은?**

**A:** - 레드와인과 화이트 와인의 중도적 성격과 동일하게 잔은 중간 크기의 볼로
- 와인의 신선한 과일 향과 산미를 강조할 수 있도록 디자인
-적당히 좁은 림으로, 향이 집중되도록 디자인

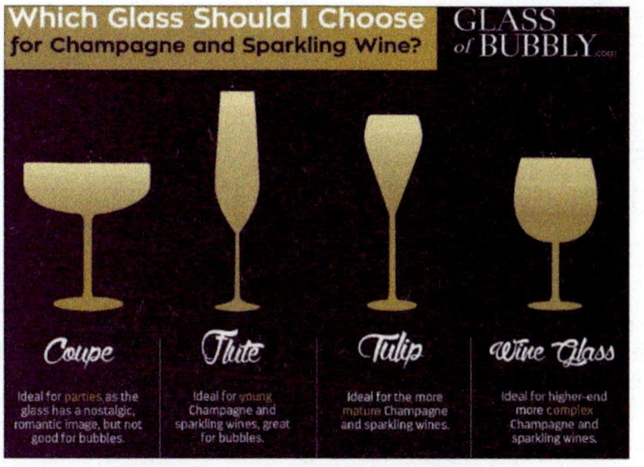


출처 : https://glassofbubbly.com/

**Q: 샴페인 글라스의 형태와 기능은?**

**A:** - 대표적인 글라스 형태는 플루트(flûte)형이나 숙성된 고가 샴페인에는 튜립(Tulip)스타일 글라스가 이상적임
- 폭이 좁은 글라스는 산화를 제한하고 입구가 작을수록 스파클링 와인을 시원하게 유지
- 샴페인도 기포가 사라지면 화이트 와인이라고도 할 수 있기에 볼이 좀 더 넓은 화이트 와인 잔이나 유니버셜 잔이 스파클링 와인의 복잡한 향을 표현하는 데 도움
- 과거에 많이 사용된 다른 형태인 소서형의 넓은 쿠프(Coupe)샴페인 글라스는 기포 유지가 어려우나 파티에서 건배 용도로 사용

**Q: 유니버셜(Universal) 글라스는 무엇이며 용도는?**

**A:** - 와인 시음시 모든 글라스를 지역에 맞게 구입해서 사용하면 소망적이겠지만 현실적으로 하나의 글라스만 허용시 유니버셜(Universal) 또는 스탠다드(Standard) 글라스 사용추천
- 레드, 화이트, 로제 와인 등 모든 와인 스타일에 적합하며 일부 스파클링 와인은 표준 잔에 담았을 때 더 많은 아로마과 향 발산

### 3) 우아한 글라스 매너: 초보자를 위한 가이드

**Q: 와인 글라스 서빙시 1/3에서 1/2 정도만 채워야하는 이유는?**

**A:** - 와인에 브리딩(Breathing)에 충분한 산소를 공급

-와인을 휘감고 향을 방출할 수 있는 공간을 확보

**Q: 서빙시 추가로 주의할 점은?**

**A:** - 와인을 따를 때, 병의 끝 부분이 (⑤　　)에 닿지 않게 주의

- 샴페인의 경우 적절한 용량은 일반적으로 글라스의 2/3 정도까지 서빙
- 샴페인의 버블이 충분히 자리 잡을 공간을 마련하고, 향과 맛을 최적으로 향유

**Q: 와인 음용시 기본적인 매너는?**

**A:** - 업장에서 서버가 보통 손님의 오른쪽에서 와인 서비스하므로 와인 잔의 위치도 오른쪽

- 마실 때는 글라스의 스템(Stem)을 잡는 것이 원칙
- 유럽인들은 와인을 마실 때 볼 부분을 잡는 경우가 많으므로 장소에 따라서 원칙은 유예됨

**주요 품종과 지역 별 와인 글라스**

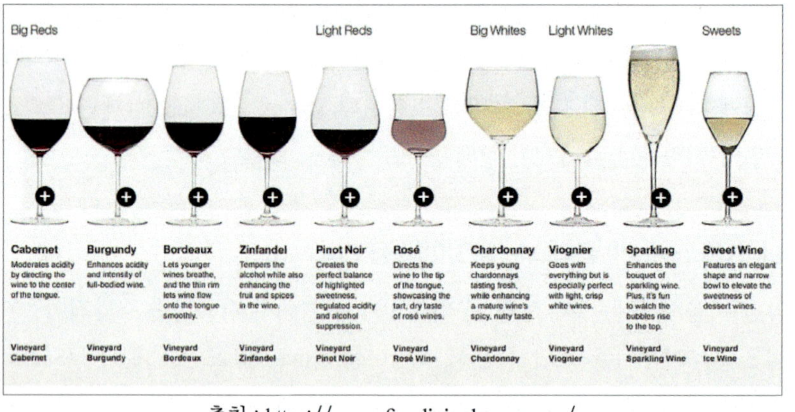


출처 : https://www.finedininglovers.com/

**정답:** 1.산소 2.온도 3.풀 바디 와인 4.온도 변화 최소화 5.글라스

## ● 와인 잔의 구조와 종류

위에 링크된 영상을 시청하고 아래의 질문에 답하시오.

1. 와인잔의 각 부분에 해당하는 명칭은 무엇인가?
2. 피노 누아 잔의 볼이 넓은 이유는 무엇인가?
3. 샴페인 잔이 좁고 길게 설계된 이유는 무엇인가?

출처: https://youtu.be/CBCPZHQGaAE?si=H-laFtd9ifNauX0b
https://www.homenish.com/

# 5

# 와인 음용 온도와 서빙 가이드

# 1. 와인 온도의 비밀 : 와인의 최적 음용 온도

**Q:** **와인  음용시 최적의 온도가 중요한 이유는?**

**A:** - 와인은 온도에 따라 (①  )에 차이가 존재
- 너무 더운 온도에서 과도한 알코올 향 발산
- 너무 차가운 온도에서는 아로마의 발산이 둔화됨
- 적절한 온도는 와인의 향의 최적화와 최산의 맛 분출

## 1) 스파클링 와인의 최적 온도

**Q:** **스파클링 와인을 칠링해서 마시는 이유는?**

**A:** - 차갑게 서빙하면 버블이 상쾌하고 신선하게 느껴짐
- 글라스의 차이로 넓게 열리는 쿠프(coupe)형은 버블의 분산을 촉진하여 (②  )
- 플루트(flûte) 스타일의 글라스는 버블의 집중과 향기의 발현을 촉진
- 샴페인은 약 17도 정도의 상온에 서빙 할수록 버블이 증가하고 4도 정도에서 차갑게 칠링하여 서빙하면 버블이 감소
- 보통 샴페인은 약 7~9도 사이에 차가운 온도에서 서비스하나 빈티지 샴페인(champagne millésimé)은 상온인 약 11도~12도 사이의 온도에서 서빙

## 2) 화이트 와인을 상쾌하게 즐기기

**Q:** **화이트 와인을 최적의 상태로 즐기기 위해 권장되는 적정 온도**

**A:** - 일반적인 적정온도는 6°C에서 14°C 사이
- 가볍고 캐주얼한 화이트 와인  9°C~10°C 사이로 상쾌한 (③  )와 과일 향이 특징이므로 낮은 온도에서 서빙시 신선함 극대화
- 미디엄 바디 화이트 와인인 샤르도네(Chardonnay), 비오니에(Viognier) 품종은 11°C~12°C 범위에서 와인의 복합미 표출
- 디저트 화이트 와인은 9°C~10°C가 적정 온도로 높은 온도에서 서빙될 때 와인의 달콤함과 복합미 표출

## ➜ 화이트 와인 적정 서빙 온도

|  |  |
|---|---|
| 6℃ | – 뱅드 리쾌르(Vins de liqueur) : 남서부(Sud–Ouest)나 루와르(Loire) 지역의 달콤한 리큐르 와인 |
| 7–8℃ | – 중저가 샴페인(Champagnes)과 스파클링 와인, 뮈스카(Muscats) 품종 |
| 9–10℃ | – Alsace에서 늦게 수확한 와인(Alsace Vendanges Tardives) : 다소 드라이(Dry)하고 가볍거나 산성도가 높은 스위트 와인.<br>– 산미에 가볍고 드라이한  화이트 와인 : 루와르(Loire), 알자스(Alsace) |
| 11–12℃ | – 드라이한 화이트와인 : 론(Rhône)이나 부르고뉴(Bourgogne)<br>– 드미 섹(demi–secs)의 화이트 와인 : 부브레(vouvray), 피노 그리(pinot gris d' Alsace), 게부르츠트라미너(gewurztraminer)<br>– 빈티지 샴페인(champagnes), 고품질 리큐르 와인(vins liquoreux), 그랭 노블(Grains nobles)<br>– 풀 바디 화이트 와인 : 샤르도네(Chardonnay)나 비오니에(Vionier) 품종 |
| 13–14℃ | – 최고급 드라이 화이트와인, 뱅존(Vins jaunes) |
| 15–16℃ | – 오래된 화이트나 산화되는 경향이 있는 와인 |

출처 : https://www.vinateliste.com/

**청포도 품종별 적정 서빙 온도**

출처: https://winecellarage.com/

## 3) 로제 와인의 이상적인 온도

**Q: 로제 와인의 상쾌한 과일 향과 부드러운 맛을 느끼기 적당한 온도는?**

**A:** - 가벼운 로제 와인은 9°C~10°C 사이로 낮은 온도에서 서빙할 때 프레쉬한 맛

- 미디엄 바디 로제 와인은 12°C~13°C 사이가 적당하며 약간 (④     )에서 시음시 와인의 복합적인 풍미와 부드러운 질감 표출
- 일반적인 로제 스파클링은 7°C~8°C 사이의 낮은 온도가 적당

➔ **로제와인 적정 서빙 온도**

| | |
|---|---|
| 7–8℃ | – 로제 샴페인(Champagnes)과 로제 스파클링 와인 |
| 9–10℃ | – 가벼운 로제와인<br>– 뱅 드 스와프(vin de soif) : 단순하고 과일 향이나는 와인 |
| 11–12℃ | – 고급 로제 샴페인(champagnes), 전통적인 로제와인 |
| 13–14℃ | – 보르도 클라레(Clarets), 구조감있는 로제와인, 부르고뉴(Bourgogne) 로제 |

출처 https://www.vinateliste.com/

## 4) 레드 와인의 완벽한 온도

**Q: 레드 와인의 적정한 서빙 온도는?**

**A:** - 레드 와인의 서빙 온도는 화이트 와인의 서빙 온도보다 높으며 약 11°C~18°C 사이에서 음용

- 가벼운 레드 와인 11°C~12°C 사이로 낮은 온도에서 서빙할 때 와인의 산미와 신선한 과일 향 표출
- 미디엄 바디 레드 와인은 15°C~16°C 사이로 약간 상온에서 서빙하면, 과일 맛과 탄닌의 균형과 와인의 복합미 표출
- 풀 바디 레드 와인은 17°C~18°C 사이로 상온에서 서빙할 때 (⑤　　　)이 부드럽게 발현
- 와인은 낮은 온도로 마실수록 와인 향 발산 방해하고, 20도 이상에서는 와인 향을 죽이고 와인의 균형이 무너짐

**적포도 품종별 적정 서빙 온도**

출처: https://winecellarage.com/

**정답:** 1.**향의 발산** 2.**기포 감소** 3.**산미** 4.**높은 온도** 5.**탄닌**

### ● 와인과 온도

위에 링크된 영상을 잘 시청하고 아래 질문에 답하시오.

1. 와인을 마실 때 적정한 온도가 중요한 이유는 무엇인가?
2. 화이트 와인을 차갑게 마실 때의 장점은 무엇인가?
3. 스파클링 와인을 차가운 온도에서 마셔야 하는 이유는 무엇인가?
4. 레드 와인을 어느 온도에서 마시는 것이 가장 적합한가?
5. 레드 와인을 상온에서 마실 때의 장점은 무엇인가?

출처: https://youtu.be/SG0zEe9-Xsk?si=V4AaKwCo6LhDZChn
https://www.aeg.lu/

## 2. 와인 소믈리에 되기: 오픈부터 서빙까지 와인 오픈과 서빙

### 1) 스틸 와인 오픈 순서

**Q: 소믈리에 나이프(Sommelier Knife)를 사용하여 스틸 와인 오픈하는 순서는 어떻게 될까?**

**A:** - 와인 병목 부분을 감싸고 있는 (①　　)

- 냅킨으로 병목 안쪽을 잘 닦아 준 후 와인 오프너의 나선형 스크류의 끝을 코르크

정 중앙에 대고 수직으로 삽입
- 한 손으로 병목과 오프너의 레버를 꼭 잡고 코르크스크루의 지렛대를 사용 마개 제거
- 코르크를 제거한 후에는 병 입구를 냅킨으로 닦아 병 입구에 있을 수 있는 이물질이나 작은 코르크 조각을 제거

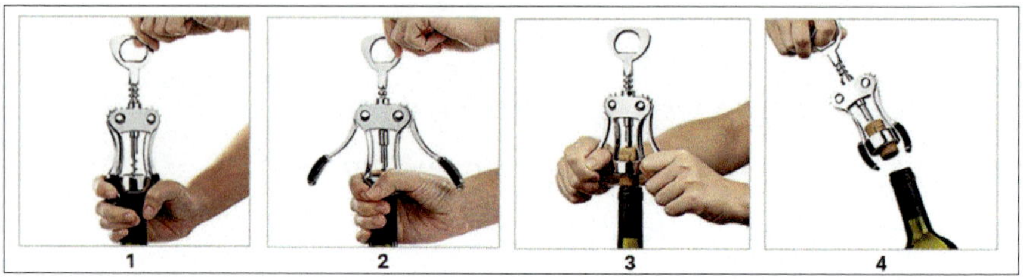

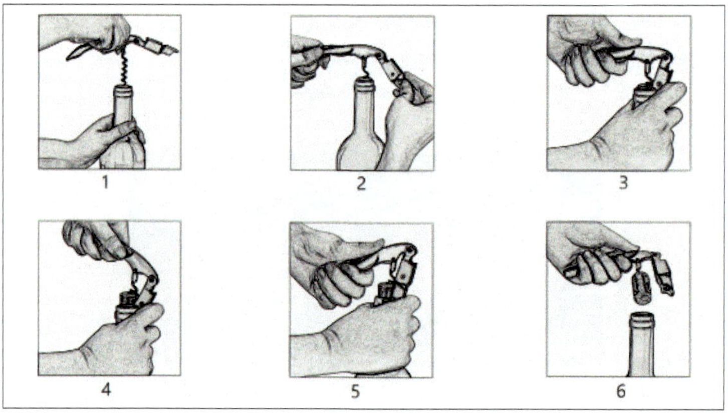

출처 : https://www.les-decapsuleurs.com/

## 2) 스파클링 와인 오픈 순서

**Q: 스파클링 와인 오픈 순서는 어떻게 될까?**

**A:** - 샴페인 병의 목 부분을 감싸고 있는 호일을 제거
- 코르크를 고정하고 있는 철사를 풀어주는데 보통 와이어 꼬임을 (②　　)
- 한 손으로 코르크를 누르고 강한 압력의 코르크 튀어나오는 것을 방지
- 한 손으로 마개를 막고 다른 한 손으로 병을 쥐고 코르크를 천천히 돌리면서 병을 반대 방향으로 천천히 회전
- 코르크를 손바닥으로 덮어서 코르크의 압력 서서히 제거

## ● 스파클링 와인 오픈

위 영상을 잘 시청하고 샴페인 오픈 시 주의할 점은 무엇인가?

출처: https://youtu.be/X4OLJ2UabWU?si=OyRVUYydMOejxruO

https://www.grand-courtoiseau.fr/

https://www.slideshare.net/

https://winefolly.com/

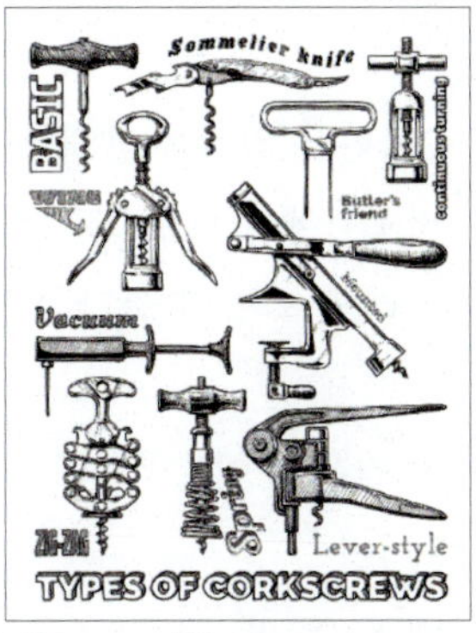


출처 : https://www.winepros.org/

출처 : https://shop-online.fashions2024.com/

## 3) 와인 서빙의 예술

**Q: 와인 서비스의 순서는 어떻게 될까?**

**A:** - 일반적으로 드라이한 스파클링 와인, (③      ), 로제 와인, 레드와인, 스위트 와인, 고도주 순으로 시음

- 산도가 낮은 와인을 산도 높은 와인 보다 먼저, 빈티지가 나쁜 와인을 좋은 빈티지 와인 보다 먼저, 알코올 성분이 낮은 와인을 성분이 높은 와인 보다 먼저, (④     ) 와인을 스위트한 와인 보다 먼저, 향기가 없는 와인을 향이 강한 와인 보다 먼저 시음
- 라이트한 와인 이후 무겁고 강한 와인, 영한 빈티지 와인 시음 후 숙성된 올드 빈티지 와인, 심플한 성격의 와인 시음 후 복잡 미묘한 와인 순으로 서비스

**Q: 식사시 테이블에서 와인 서비스 순서를 나열하면?**

**A:** - 스파클링 와인은 탄산이 위 점막을 자극해서 입맛을 돋우는 작용함으로 가장 먼저 시작

- 산도가 높고 가벼운 화이트 와인은 입안을 상쾌하게 하고 침샘을 자극
- 가벼운 와인 후 샤르도네, 비오니에 등으로 만든 바디감 있는 화이트 와인 서빙
- 로제 와인은 화이트 와인과 레드 와인의 중간 정도의 풍미와 성격을 가지고 있어 가벼운 레드와인 시음 전 서빙
- 레드 와인은 피노 누아, 가메 같은 라이트 바디의 와인을 서빙
- 미디움 바디의 레드 와인을 서빙
- 카베르네 소비뇽, 시라, 말벡 등 풀 바디 레드 와인을 서빙
- 식사의 마무리는 귀부 와인이나 아이스 와인 같은 (⑤     )을 서빙

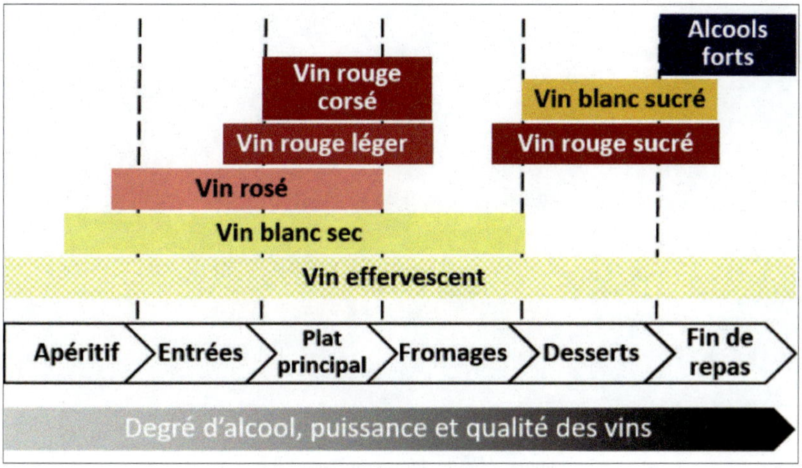


출처 : https://www.platsnetvins.com/

정답: 1.호일 제거 2.6번 반 회전 3.화이트 와인 4.드라이한 5.디저트 와인

## ● 와인 시음 순서

위에 링크된 영상을 잘 시청하고 아래의 질문에 답하시오.

1. 스파클링 와인을 먼저 마셔야 하는 이유는 무엇인가?
2. 가벼운 바디감의 와인을 먼저 마시고, 무거운 바디감의 와인을 나중에 마셔야 하나?
3. 드라이한 와인을 스위트한 와인보다 먼저 마셔야 하는 이유는 무엇인가?
4. 영한 와인을 올드 와인보다 먼저 마셔야 하는 이유는 무엇인가?
5. 주정 강화 와인을 식사 후 가장 마지막에 마셔야 하는 이유는 무엇인가?
6. 와인 마시는 순서에 변칙이 있을 수 있는 상황은?

출처: https://youtu.be/dAvqQeWEtWU?si=nIlutTdcSWZVA3kn
https://www.ldqm-mulhouse.fr/

# 6

# 와인 테이스팅과 보관

## 1. 감각으로 즐기는 와인 시음

**Q: 와인 시음을 위한 준비단계로 필요한 환경은?**

**A:** - 시음 공간은 향이 강한 꽃, 음식, 향수 등 외부 냄새가 없는 환경
- 장소의 조명은 (①　　)이 이상적이나 인공조명 사용시 와인의 색을 왜곡하지 않는 백색광을 사용
- 공간의 실내 온도는 약 18°C~22°C 사이 온도를 유지
- 시음하면서 와인의 색상, 향, 맛에 대한 메모를 할 수 있도록 노트와 펜을 준비
- 테이블에는 흰색 종이를 준비
- 라벨에 있는 와인 시음에 유용한 정보 확인
- 서빙되는 시음 와인은 종류에 맞는 적절한 온도를 유지
- 와인 잔은 깨끗하고 냄새가 없는 상태
- 시음 순서는 가벼운 와인부터 시작하고 디저트 와인은 마지막에 시음
- 와인 시음 사이에 물과 빵이 제공되어 입안을 깨끗하게 헹굼
- 시음 중에는 조용한 환경을 유지하여 와인에 집중

https://chateausuau.com/

https://www.smartbox.com/

### 1) 시각으로 만나는 첫인상: 와인의 색과 숙성도

**Q: 시각적 관찰은 와인 시음의 첫 단계이며, 이를 통해 와인의 상태와 특성을 미리 예측할 수 있다. 시각적인 관찰로서 와인의 숙성도와 원산지 그리고 품종에 대한 힌트를 얻는 순서는 어떻게 진행되며 관찰에 따른 의미는 무엇일까?**

**A:** - 1단계로 와인 잔을 흰 종이 앞에 두고 투명도와 색상 관찰-

- 투명하고 맑은 와인은 영하고 필터링된 와인
- 필터링하지 않은 네츄럴 와인이나 올드 빈티지 와인은 약간 흐릿하며 (② )이나 주석산 결정 발견도 가능
- 와인의 명도는 품종에 따라 피노 누아르(Pinot Noir)같은 품종은 일반적으로 명도가 낮고 밝은 색을 가지며, 까베르네 소비뇽(Cabernet Sauvignon)품종은 명도가 높고 깊은 색
- 오크통 숙성 와인은 보통 더 깊고 풍부한 색
- 숙성이 진행됨에 따라 화이트 와인은 더 짙어지고, 레드 와인은 색이 옅어지고 갈색 톤으로 변함
- 2단계로 와인을 잔에서 돌린 후, 와인이 잔의 벽을 따라 흘러내리는 방식을 관찰
- 이것을 와인의 '눈물(tears)' 또는 '레그(legs)'라고 칭함
- 글라스 벽을 따라 천천히 흘러 내리는 점성이 높은 와인은 알코올 또는 당분 함량이 높다는 증거
- 3단계로 와인 잔을 기울여 보면 영한 레드 와인은 선명한 루비 또는 자주색을 띠고, 시간이 지나면서 벽돌색 또는 갈색으로 변함
- 영한 화이트 와인은 옅은 옐로우 또는 녹색을 띠며, 시간이 지날수록 금색이나 황금빛 변함
- 로제 와인은 연어 핑크에서 밝은 오렌지 핑크까지 다양한 색상 표출
- 레드 와인은 숙성될수록 중앙에서 가장자리로 갈수록 색이 벽돌색 또는 주황빛
- 화이트 와인은 숙성될수록 골드 또는 호박색

**Q: 숙성 정도에 따라 화이트 와인이 기본적으로 보여주는 색상의 변화는?**

**A:** - 화이트 와인은 보통 옅은 황록색부터 딥 골드(deep gold)까지 다양한 색조를 띤다.
- 저장고에서 숙성이 오래 진행된 화이트 와인은 더 짙은 색을 보여준다.

**Q: 숙성 정도에 따라 레드 와인이 기본적으로 보여주는 색상의 변화는?**

**A:** - 레드 와인은 보통 루비 레드(ruby red)색상 부터 딥 퍼플(deep purple)까지 다양한 색조나타남
- 오랜 기간 숙성된 레드 와인은 쇠퇴기를 보여주는 (③ ) 톤 표출

**Q: 로제 와인이 기본적으로 보여주는 색상은?**

**A:** - 로제 와인은 전통적인 핑크색에서 오렌지 빛이 도는 색상을 보임

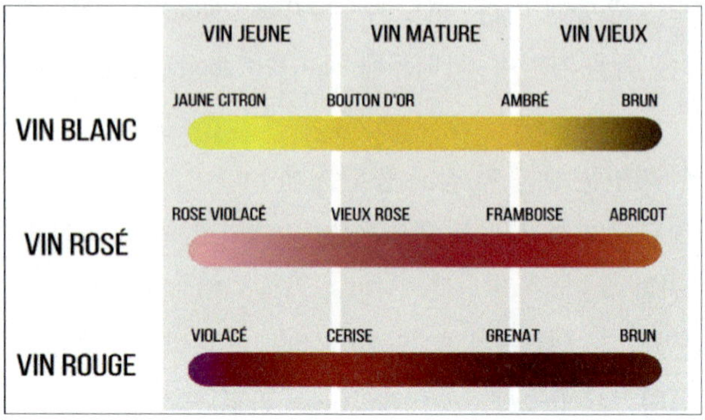


출처 : https://www.aop-pierrevert.fr/

## 2) 후각(Nez)으로 느끼는 향기의 심포니: 와인의 아로마 즐기기

**Q: 와인의 후각적 검사는 와인을 평가하는 중요한 단계로서 이유는?**

**A:** - 와인의 아로마와 부케를 통해 원산지, 포도품종, 숙성 정도, 양조 방식 등을 파악
- 후각의 중심인 네(Nez)는 프랑스어로 코를 의미하며, 와인 테이스팅에서 와인의 향과 관련된 용어로 사용

**Q: 첫 번째 코(Premier Nez) 단계에서 중요한 테이스팅 절차는 무엇일까?**

**A:** - 잔을 돌리지 않은 상태에서 와인 잔에 코를 가까이 대고 가볍게 향 맡기
- 첫 번째 코에서 느껴지는 향은 와인의 첫인상을 결정하는 중요한 요소
- 와인의 품종적 아로마와 결함을 판단
- 첫 번째 코에서 느껴지는 향은 보통 과일 향, 꽃 향, 허브 향 등
- 와인 결함 시 마분지 썩은 냄새, 헛간 냄새, 곰팡내, 달걀 썩은 냄새 등이 느껴지면 결함 가능성

**Q: 두 번째 코(Second Nez) 단계에서 중요한 테이스팅 절차는 무엇일까?**

**A:** - 와인을 잔에서 돌린 후, 코를 와인 글라스에 깊이 넣어 향을 맡아 와인의 다양한 아로마를 자세히 탐구하는 단계

- 잔을 스월링하는 과정에서 와인이 공기와 접촉하며 숨겨진 아로마 발산
- 주요한 세부 관찰은 먼저 포도 품종 표현되는 과일, 꽃, 허브, 미네랄 향 등이 있으며 1차 아로마라고 함
- 2차 아로마는 발효 과정에서 효모 작용으로 생성된 아로마로, 빵, 버터, 효모, 치즈 같은 향
- 3차 아로마는 병 또는 오크 숙성되면서 형성된 향으로, 오크, 바닐라, 가죽, 담배, 커피, 훈연 향 등
- 좋은 와인은 아로마가 얼마나 복합적이고 발란스가  균형을 이룸
- 향의 지속성은 와인의 품질을 높게 평가할 수 있는 요소
- 와인을 계속 돌리며 여러 번 반복해서 향을 맡아보고 시간이 지남에 따른 향의 변화 관찰

주요 품종의 아로마

| Couleur | Cépage | Région principale (et secondaire) | Quelques arômes dominants |
|---|---|---|---|
| | Riesling | Alsace | citron, pamplemousse, silex |
| | Viognier | Rhône | Pêche blanche, abricot |
| | Gewürztraminer | Alsace | Litchis, rose, épice |
| | Chenin | Loire (Bordeaux) | pomme, coing, abricot, tilleul |
| | Chardonnay | Bourgogne (Champagne, Jura) | citron, pomme, acacia, pain grillé, mais aussi : vanille, beurre, amandes |
| | Sauvignon | Loire | citron, herbe coupée, bourgeon de cassis |
| | Cabernet-sauvignon | Bordeaux | Cassis, mûre, poivron vert, réglisse |
| | Cabernet-franc | Bordeaux, Loire | Cassis, mûre, poivron vert |
| | Pinot Noir | Bourgogne (Champagne, Alsace, Centre Loire) | Cerise, poivre, cassis |
| | Merlot | Bordeaux | Prune, épice, mûre |
| | Syrah | Rhône (Languedoc-Roussillon, Provence) | Cassis, poivre, violette |
| | Grenache | Rhône (Languedoc-Roussillon, Provence) | Epice, poivre, réglisse, garrigue |

출처 : https://yann-rousselin.com/

## 3) 미각으로 펼쳐지는 맛의 축제: 와인 맛보기의 기술

**Q: 와인 테이스팅의 마지막 단계인 미각 테이스팅은 통해 시음 와인의 무엇을 판단할 수 있나?**

**A:** - 와인의 맛과 질감 그리고 발란스 등 을 평가하는 과정
- 와인의 단맛, 산도, 탄닌, 바디, 재질감 그리고 여운을 평가

**Q: 미각적 관찰 단계는 어떻게 진행될까?**

**A:** - 소량의 와인을 입에 머금고 입안 전체에 와인이 고르게 퍼지도록 하여 와인의 첫인상을 평가

- 와인의 첫맛인 달콤함, 산도, 탄닌 등의 요소를 기록
- 와인을 입안에서 굴려 혀, 잇몸, 입천장 등 다양한 부위에 와인을 터치함
-와인의 전체적인 맛과 질감을 감상
-와인의 바디감과 질감 평가

**Q: 와인 시음시 단맛(Sweetness)을 느끼는 이유는?**

**A:** - 와인에서 단맛은 주로 발효 과정 후 남은 잔류당에 의해 결정
- 발효가 완전히 진행되지 않는 경우 당분이 남아 와인이 달콤해짐
- 자연적으로 많은 당분을 함유하고 있는 품종 시음시
- 단맛은 혀의 앞쪽에서 느껴지며, 입안에서 부드럽고 감미로운 느낌
- 단맛의 와인은 주로 짠 음식이나 매운 음식과 잘 매칭

**Q: 와인에서 산도(Acidity)가 중요한 이유는?**

**A:** - 산도는 혀의 측면에서 느껴지며 산도가 높은 와인은 입안의 (④ )를 자극
- 산도는 와인에 신선함과 생동감과 와인이 무겁게 느껴지는 것을 방지
- 산도는 단맛, 탄닌, 알코올 등 다른 맛 요소와의 발란스에 중요한 역할
- 화이트 와인과 스파클링 와인에서는 신선한 산도가 중요한 요소입니다.

**Q: 타닌(tannin)의 원인과 기능은 무엇일까?**

**A:** - 주로 포도의 껍질, 씨, 줄기에서 추출
- 타닌은 와인의 숙성 잠재력 높이고 타닌이 많은 와인은 시간이 지남에 따라 부드러워지고, 복합적인 맛과 향이 발달
- 레드 와인에서 무게감을 결정
- 타닌은 혀의 후면에서 떫은 느낌
- 타닌이 많은 와인은 입안에서 거칠고 무거운 느낌의 질감

**Q: 와인에서 짠맛(salty)을 느끼는 이유는?**

**A:** - 짠맛은 포도밭의 미네랄 성분의 영향
- 일부 화이트 와인에서는 미세한 짠맛이 감지되며 와인의 신선함과 미네랄리티를 강조하는 요소
-짠맛은 혀의 앞부분과 측면에서 느낌

허의 맛 감지 부분

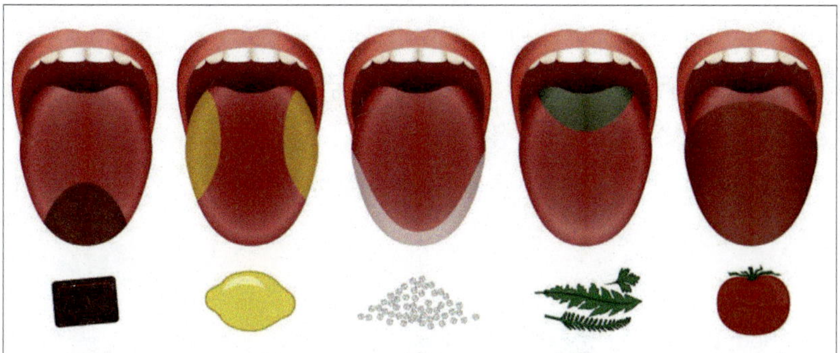


출처: https://bcbstwelltuned.com/

**Q: 와인 시음시 목과 입 안에서 느껴지는 따뜻한 느낌을 주는 알코올(Alcohol)의 역할은?**

**A:** - 알코올은 와인의 풍미를 강화
- 와인의 바디에 무게감을 더하고, 와인의 구조를 형성하는 데 기여
- 알코올은 산도, 단맛, 타닌 등과 함께 와인의 중요한 발란스 요소
- 알코올 함량이 높은 와인은 지방이 많은 음식이나 강한 풍미를 가진 음식과 잘 매칭
- 알코올은 음식의 풍미 보완과 기름기를 상쇄

**Q: 재질감(Texture)의 의미와 어떤 와인에서 찾을 수 있나?**

**A:** - 와인이 입안에서 어떻게 느껴지는지를 나타내는 중요한 요소
- 입안에서 느껴지는 와인의 무게, 부드러움, 거친 느낌, 농도 등을 포함
- 알코올 함량이 높으면 와인이 입안에서 더 묵직하게 느껴질 수 있으며, 글리세롤은 와인에 약간의 달콤함과 부드러운 재질감 제공
- 숙성 기간이 길수록 타닌이 부드러워지며 재질감이 개선됨
- 오크 숙성은 와인에 부드럽고 크리미한 재질감 주고, 스틸 탱크에서 발효된 와인은 더 산뜻하고 가벼운 재질감 보완
- 재질감의 표현은 실키한(Silky), 벨벳 같은(Velvety), 크리미한(Creamy), 거친(Rough) 등

**Q: 복합성(Complexity)의 의미는 무엇일까?**

**A:** - 와인의 깊이와 다양한 향과 맛의 층을 평가하는 중요한 개념 평가
- 복합성이 있는 와인은 한 가지 향이나 맛에 국한되지 않고, 여러 가지 향과 맛이 서로 겹쳐지며 변화무쌍한 경험을 제공
- 복합성은 시음 초기 향과 맛 분석, 시간에 따른 변화 관찰, 여운과 지속성 평가 등 평가

**Q: 무게감(Body)의 의미와 분류는 어떻게 되나?**

**A:** - 와인이 입안에서 느껴지는 무게와 밀도
- 와인의 알코올 함량, 당도, 타닌, 그리고 전체적인 농도에 의해 결정
- 가벼운 와인은 산뜻하고 상쾌한 느낌, 무거운 와인은 깊고 풍부한 맛을 제공
- 라이트 바디는 가볍고 산뜻하며 알코올 함량이 낮고, 산도가 높은 와인
- 미디엄 바디는 적당한 무게감과 농도를 느끼는 와인
- 풀 바디는 묵직하고 풍부한 느낌을 주며, 알코올 함량이 높고 타닌이 강한 와인

**Q: 와인의 우마미(Umami) 의미와 감지되는 이유는?**

**A:** - 와인의 (⑤ ) 또는 풍미 의미
- 와인은 장기간 숙성 과정 동안 발생하는 복잡한 화학 반응으로 인해 우마미 성분이 증가
-자연적으로 우마미가 높은 포도 품종은 피노 누아(Pinot Noir), 산지오베제(Sangiovese), 시라(Syrah/Shiraz) 등의 품종에서 풍부한 과일 향과 함께 우마미가 분출
- 오크 통에 숙성된 와인은 바닐라, 커피, 초콜릿 같은 복합적인 향과 맛이 더해져 우마미 표출

**Q: 와인의 균형(Balance) 즉 발란스의 의미와 구성요소는 무엇인가?**

**A:** - 균형은 와인의 전반적인 조화와 조합을 평가하는 중요한 요소
- 와인의 주요 구성 요소인 산도, 단맛, 알코올, 타닌, 그리고 바디가 서로 조화롭게 어우러지는 상태
- 균형이 잘 잡힌 와인은 맛의 요소들이 서로 잘 어우러져 특정한 맛이 다른 맛을 압도하지 않음

**Q: 여운(Finish)의 중요성과 의미는?**

**A:** - 여운은 와인의 마지막 인상을 결정짓는 중요한 요소

- 와인을 삼킨 후 입안에 남아 있는 맛과 향의 지속성 의미
- 여운이 길고 복합적인 와인이 품질이 높다고 평가
- 알코올 함량이 높은 와인은 여운이 길고 따뜻한 느낌

출처 : https://sethlui.com/

정답: 1.**자연광** 2.**침전물** 3.**갈색** 4.**타액 분비** 5.**감칠맛**

## ● 와인 테이스팅 용어

위에 링크된 영상을 잘 시청하고 아래 제시된 질문에 갑하시오.

1. 유질감이란 무엇이며, 어떤 와인에서 유지감이 더 강하게 느껴질 수 있는가?
2. 미네랄 향이란 무엇인지, 그리고 미네랄 향을 느낄 수 있는 대표적인 와인은 어떤

것이 있는지?

3. 이스트 향은 무엇이며, 주로 어떤 와인에서 느낄 수 있는가?
4. 시트러스 향이 어떤 와인에서 주로 발견되는지, 그리고 이 향이 와인의 전체적인 맛에 어떤 영향을 미치는가?
5. 스모키 향이란 무엇이며, 그리고 어떤 와인에서 스모키 향을 느낄 수 있는가?

출처: https://youtu.be/2j28x5U9F_4?si=j7k2y3zyLz1OOIMV
https://chateausuau.com/fr/

## ● 와인 테이스팅 방법

위에 링크된 영상을 잘 시청하고 아래의 질문에 답하시오.

1. 와인 시음 순서에 관한 3단계는?
2. 스윙(swirling)은 와인의 향에 어떤 영향을 미치는가?
3. 와인의 맛을 평가할 때 고려해야 할 4 가지 요소는 무엇인가?
4. 화이트 와인과 레드 와인의 향에서 각각 어떤 기본적인 표현들은?

출처: https://youtu.be/PwvVWyxQ-rQ?si=SpwDGl_WFHW0ro_t
https://www.dakotabox.fr/

## 2. 와인 보관 : 7가지 요령

### 1) 이상적 온도

**Q: 급격한 온도 변화는 와인의 품질에 악영향을 미칠 수 있기에 와인은 온도 변화가 적은 환경에서 보관하는 것이 중요하다. 와인 보관의 이상적 온도와 온도 변화와 차이에 따른 영향은?**

A: - 와인의 최적 보관 온도는 10~14도
- 최적의 온도는 와인의 품질을 최고의 상태로 유지하고, 천천히 숙성시켜 맛과 향이 제대로 변화하도록 도움
- 온도가 너무 낮으면 와인 숙성이 느려지고 온도가 너무 높으면 와인이 과숙성되어 품질 저하
- 일반적으로 화이트 와인은 조금 낮은 온도인 10~12°도
- 레드 와인은 조금 높은 12~14도에서 보관
- 와인의 어는 점은 (①       )와 와인의 당분 함유량에 영향
- 알코올 성분이 12도 이하의 와인인 경우 약 영하 5도
- 주정강화 와인처럼 약 20도의 경우 영하 약 9도
- 당분이 많은 디저트 와인의 경우 더 낮은 온도에 보관 가능

| TYPE OF WINE | IDEAL STORAGE TEMPERATURE |
|---|---|
| BEAUJOLAIS | 54°F (12°C) |
| PORTUGUESE AND SPANISH RED WINES | 55°F (13°C) |
| LIGHT ZINFANDELS OR CHIANTI | 59°F (15°C) |
| BORDEAUX, MERLOT, RIOJA, AND PINOT NOIR | 61°F (16°C) |

출처: https://www.vinovest.co/

| Set Wine Cooler | | |
|---|---|---|
| Set Wine Cooler at 10°C or 50°F | 5-10°C 40-50°F | Light Sweet White |
| | 6-10°C 42-50°F | Sparkling White |
| | 8-12°C 46-54°F | Full Sweet White |
| | 8-12°C 46-54°F | Light Dry White |
| | 10-12°C 50-54°F | Medium Dry White |
| | 10-12°C 50-54°F | Sparkling Red |
| | 10-12°C 50-54°F | Light Red |
| Set Wine Cooler at 15°C or 59°F | 12-16°C 54-60°F | Full Dry White |
| | 14-18°C 57-63°F | Medium Red |
| | 15-18°C 59-65°F | Full Red |

출처 : https://servemydrink.com/

## 2) 습도와 코르크

**Q:** 와인 보관시 이상적 습도와 코르크 손상 가능성은?

**A:** - 와인 보관의 이상적인 습도는 70% 정도로 유지되면 (② )가 적절한 상태를 유지하게 되어 공기가 유입되 것을 방지

- 습도가 너무 낮으면 코르크가 건조해져 수축하면서 공기 유입으로 산화 가능성
- 습도에 있어서 과도하게 습한 곳에 와인 보관 시 코르크 마개에 곰팡이 발생과 레이블 손상

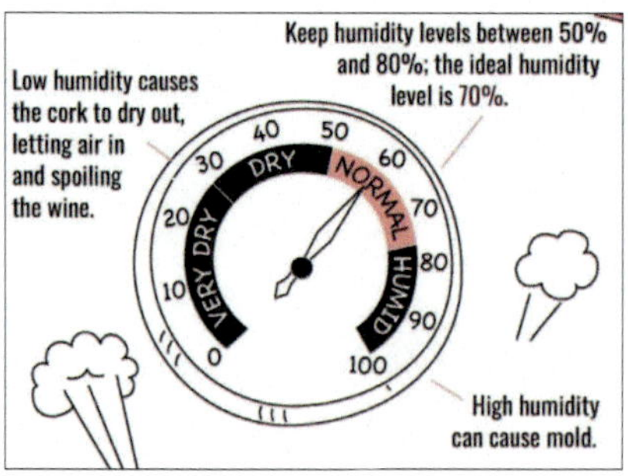


출처: https://www.bodegacooler.com/

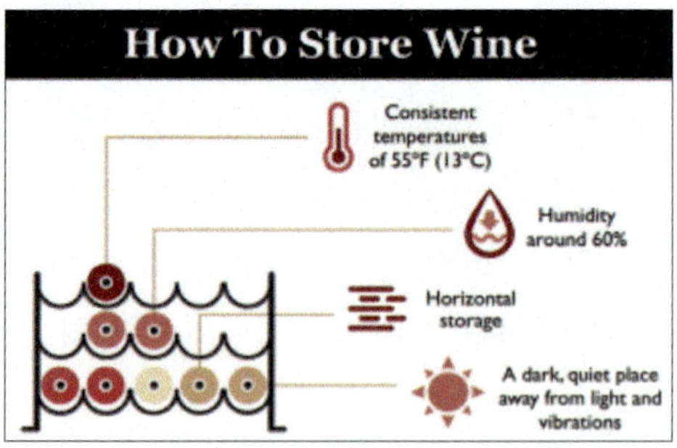


출처 : https://www.lovetoknow.com/

## 3) 빛의 차단 : 어둠 속에서 숙성하는 와인

**Q: 와인 보관에 있어서 빛의 차단이 중요한 이유는?**

A: - 와인은 빛에 민감하므로 직사광선이 닿지 않는 지하실이나 와인셀러 같은 어두운 장소에서 보관하는 것이 이상적

- 자외선(UV) 노출은 와인의 (③ )을 촉진 시키어 색깔을 변색 가능성과 와인의 화학 성분이 변형되어 맛과 향에 큰 변화를 초래

## 4) 진동은 와인의 천적

**Q: 와인을 진동이 없는 안정된 장소에 보관해야 하는 이유는?**

A: - 진동은 와인의 숙성 과정에 부정적 영향

- 진동은 병 속의 침전물이 계속해서 병 전체에 분산되어 와인의 맑고 깨끗한 상태를 방해

## 5) 누워서 숙성하는 와인 병

**Q: 와인 병은 수평으로 눕혀서 보관해야 하는 이유는?**

A: - 와인을 (④ )으로 보관하면 코르크가 와인과 접촉하여 촉촉한 상태를 유지

- 수직으로 보관시 코르크가 건조해지면 수축하여 공기가 들어가면 와인이 산화되어 부정적인 변화를 초래

https://www.ma-cave-a-vin.fr/

https://www.hagengrote.fr/

## 6) 이상적인 보관 장소 찾기

**Q: 이상적인 와인 저장 장소의 조건과 최적의 대안은 무엇일까?**

**A:** - 서늘하고, 적절한 습도를 유지
- 어둡고, 진동이 없으며, 공기 순환이 잘 되는 곳
- 온도와 습도가 조절되는 와인 셀러가 대안적 보관 장소
- 지하 저장고(Cave)는 와인 보관에 최적의 장소로, 온도, 습도, 빛의 차단, 그리고 진동 없는 환경이 모두 자연적으로 제공
- 지하 저장고가 너무 습하면 곰팡이가 생길 수 있으므로, 적절한 환기가 필요

## 7) 가정에서 와인 보관하기

**Q: 가정에서 와인을 보관하기 최적의 방법은 무엇이고 유의할 사항은?**

**A:** - 개인 주택의 경우 서늘하고 습도가 적절하게 유지되는 환경을 제공하는 지하실이 진동이 적고 빛의 차단이 용이하므로 와인 보관에 이상적 장소
- 아파트 같은 공동 주택의 경우 어두운 서랍이나 옷장이 빛 차단과 상대적으로 서늘한 곳이나 온도와 습도가 일정하지 않을 수 있으므로, 보관 환경을 관찰 조절하는 것이 중요
- 비교적 서늘한 주택의 서재나 책상 아래 보관
- 가정에서는 비용적 부담이 적다면 와인 셀러를 사용하는 것 최적 장소
- (⑤ )으로 마감된 와인이 아니라면 코르크가 항상 와인과 접촉하도록 병을 눕혀서 보관하는 것이 이상적임

### ➔ 와인 보관과 온도

| 낮은 온도 | 높은 온도 |
| --- | --- |
| – 와인의 숙성을 늦추는 효과<br>– 와인의 에이징 과정이 느려짐<br>– 와인이 숙성됨에 따라 드러나야 할 향을 드러내지 않고 빨리 악화 시킴<br>– 종종 매우 낮은 습도 수준과 관련이 있기 때문에 코르크가 건조되고 공기에 투과되어 와인의 산화를 유발할 수 있음 | – 와인의 에이징 과정이 가속화되는 경향<br>– 와인이 숙성되며 나타나는 아로마 발산을 저지함<br>– 숙성이 느리고 길어질수록 와인이 더 독특한 아로마를 드러낼 수 있다 |

출처 : https://www.tastvin.com/fr/

정답: 1.알코올 도수 2.코르크 3.산화 과정 4.수평 5.스크루 캡

## ● 와인 보관

위에 링크된 영상을 잘 시청하고 아래 제시된 질문에 답하시오.

1. 와인을 보관할 때 온도 변화가 적은 것이 왜 중요한가?
2. 와인을 보관할 때 빛과 진동을 피해야 하는 이유는 무엇인가?
3. 와인을 보관할 때 습도가 중요한 이유는 무엇인지?
4. 코르크 마개가 젖어 있어야 하는 이유와 이를 위해 와인을 눕혀서 보관하는 방법의 장점은 무엇인가?
5. 숙성이 필요한 와인과 즉시 마셔도 되는 와인의 차이는 무엇인가?

출처: https://youtu.be/3VkI6h8LE4U?si=sHpvz0A5W9FEWM0H

https://www.ma-cave-a-vin.fr/

7

# 구세계 와인 여행

**Q: 구세계 와인(Old World Wine)의 의미와 특징은?**

**A:** - 전통적인 유럽 와인 생산국에서 만들어진 와인 지칭
- 대표적 생산국은 프랑스, 이탈리아, 스페인, 독일, 포르투갈 등
- 테루아(Terroir) 중시
- 전통적 양조 방식 기법 사용
- 와인의 복잡하고 섬세한 풍미
- 신세계 와인에 비해 상대적으로 낮은 알코올 도수
- 품종 블렌딩 중시
- 아오쎄(A.O.C.) 규정 같은 엄격한 번적 규제 적용
- 숙성 잠재력이 좋은 파인 와인 생산지 보유

## 1. 프랑스, 와인 여행의 시작과 끝

### 1) 프랑스 와인 개요

**Q: 기원전 프랑스 와인의 시작과 로마의 영향은?**

**A:** - 프랑스의 포도 재배는 그리스 식민지 시대에 기원
- 기원전 6세기경 그리스 식민지 주민들이 남부 마르세유에 정착하면서 시작
- 기원전 1세기경 로마가 갈리아를 정복하면서 프랑스 와인 산업 급격한 발전 계기
- 로마인들은 갈리아 지역에 대규모로 포도나무를 심고 재배와 와인 생산 기술을 전파
- 로마인들은 도로와 항구를 건설해 와인 유통 발전 기여
- 로마 시대 주요 와인 생산 지역인 보르도, 부르고뉴, 루아르 밸리 등이 형성

**Q: 중세이후 프랑스 와인의 발전은?**

**A:** - 중세시대 (①　)들이 와인 생산의 중심지이자 연구소
- 이때 샴페인 지역에서 발포성 와인 생산 시작
- 16~18세기에 새로운 포도 품종과 생산 기술이 발전과 보르도 와인의 국제적 위상 상승
- 19세기 필록세라 피해로 프랑스 와인 산업 타격

- 1935년 유럽 최초로 원산지 통제 명칭인 AOC(Appellation d'Origine Contrôlée) 시스템이 도입

**프랑스 와인 생산지역**

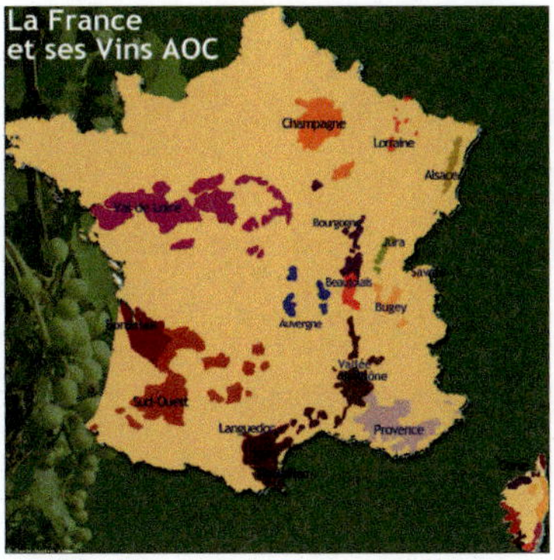


출처: https://www.paris-bistro.com/

**Q: 프랑스 와인 산업의 위상은?**

**A:** - 프랑스는 전 세계에서 가장 큰 와인 생산국 중 하나로, 이탈리아와 함께 최상위권 차지
- 전 세계 와인 생산량의 약 15~20% 차지
- 프랑스 와인은 품질과 전통 높은 수요와 위상 유지
- 수출량 기준 이탈리아, 스페인과 함께 상위 3위
- 고가의 프리미엄 와인 수출 강세
- 국민 1인당 연간 약 40~50리터의 와인을 소비, 음료 트랜드 변화로 감소 중
- 와인 수출액 기준으로 전 세계 1위
- 보르도, 부르고뉴, 샹빠뉴 지역 같은 세계적 유명 와인 산지 보유

## 2) 보르도부터 부르고뉴까지: 프랑스 와인의 보물 지도

**Q: 와인 산업을 중심으로 보르도(Bordeaux)와 영국과의 역사는?**

**A:** - 유럽에서 가장 큰 영지를 상속받았던 알리에노르 다키텐(Aliénor d'Aquitaine)공주가 프랑스의 루이 7세와 결혼
- 제2차 십자군 원정 후 루이 7세와 아들이 없어 1152년 결혼 무효화

- 1152년 노르망디 공작이자 미래의 잉글랜드 헨리 2세 왕이 되는 앙리 플란타즈네(Henri Plantagenêt)와 결혼
- 결혼으로 아키텐 지방은 영국 왕실의 영토로 귀속
- 일련의 사건으로 보르도 와인의 영국 수출 증가
- 영국은 보르도 와인에 대한 특혜 관세 혜택
- 클라레(Claret)라는 용어가 영국에서 보르도 레드 와인 지칭하는 말로 사용됨
- 영국과 프랑스 간 백년전쟁이 발발
- 정치적 변화에도 보르도와 영국 간의 강한 상업적 유대는 지속
- 영국은 수 세기 동안 보르도 와인의 발전과 명성에 지대한 영향
- 17~18세기 네덜란드 상인들이 메독(Médoc)지역의 습지를 개간 확장
- 영국인들이 보르도에 정착하여 와인 무역에 큰 영향

## ● 떼루와의 탄생과 와인 전쟁

위에 링크된 영상을 잘 시청하고 아래 제시된 질문에 답하시오.

1. 떼루아(Terroir)의 개념이 시작된 시기와 이유는?
2. 프랑스와 영국의 백년전쟁이 와인과 관련된 이유는 무엇인가?
3. 백년전쟁이 일어나기 전에 가스고뉴 지방의 소유권 갈등의 이유가 된 사건은?

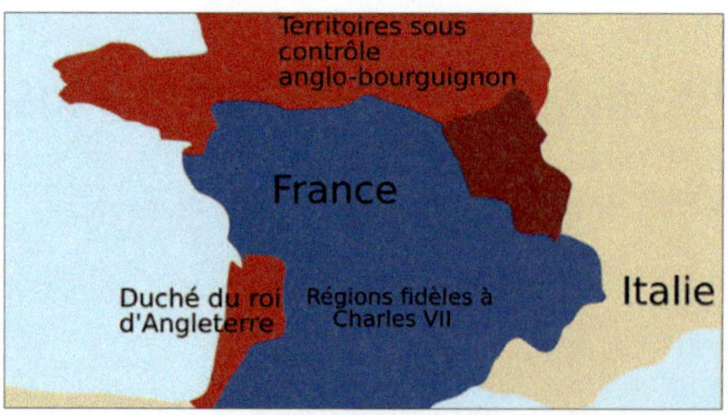


출처: https://youtu.be/G1ICqS7uyf0?si=0vvsfhlVoBL3v84P
https://kapitalis.com/

**Q: 보르도 지역 와인 품질 체계 관련 주요 사건은?**

**A:** - 1855년 나폴레옹 3세의 요청으로 보르도 와인의 등급 체계가 확립

- 1935년 원사지 통제 명칭인 아오쎄(A.O.C.) 시스템이 도입으로 품질 관리 체계화

**Q: 레드와인을 주로 생산하는 보르도 지역에서 사용되는 블랜딩용 주요품종은?**

**A:** - 주로 카베르네 소비뇽, 메를로, 카베르네 프랑, 쁘티 베르도, 말백 등 사용

- 품종을 블렌딩하여 복합적이고 균형 잡힌 와인을 만드는 것이 특징

**Q: 보르도에서 화이트 와인 양조에 블렌딩용으로 주로 사용되는 품종은?**

**A:** - 주요 블렌딩 중심에 소비뇽 블랑과 세미용 사용

- 뮈스카델 품종은 블렌딩에 소량 사용되며, 와인에 꽃과 과일 향 등 아로마 제공

**Q: 보르도는 도르도뉴강과 가론느강 그리고 두 강이 만나는 지롱드강을 중심으로 좌안과 우안 산지로 구분된다. 지롱드강 좌안과 우안 지역의 테로와적 특징과 주요 재배 품종은?**

**A:** - 좌안의 주요 와인 산지는 메독과 그라브 지역으로 구성

- 토양은 주로 자갈로 구성되 배수가 잘되고, 낮 동안 태양열을 흡수해 밤 동안 냉해 방지
- 카베르네 소비뇽 품종은 자갈 토양에서 뛰어난 품질을 발휘
- 우안의 주요 와인 산지는 생떼밀리옹과 포므롤 지역으로 구성
- 이 지역의 토양은 점토질(Clay)과 석회암(Limestone)으로 구성
- 점토질은 토양에서 메를로 품종이 잘 적응

## ● 보르도 좌안 vs 우안

위에 링크된 영상을 잘 시청하고 아래 질문에 답하시오.

1. 보르도의 좌안과 우안을 나누는 주요 지리적 특징은 무엇인가?
2. 보르도 좌안의 와인 생산에 적합한 품종과 이유는 무엇인가?
3. 보르도 우안에서 주로 재배되는 포도 품종과 그 특징은 무엇인가?
4. 생테밀리옹 지역의 와인 생산 역사와 특징적인 와인 품종은 무엇인가요?
5. 보르도 좌안의 대표적인 마을 네 곳과 그 특징적인 와인은 무엇인가?

출처: https://youtu.be/m5FvQrk3kn0?si=uiY3x_A3Wq5MQqKL
https://www.tastevacations.com/

**Q: 메독(Médoc) 지역의 주요 마을과 1855년 1등급 그랑 크뤼 샤또는?**

**A:** - 주요 마을 중 생테스테프(Saint-Estèphe), 포이악(Pauillac), 생줄리앙(Saint-Julien),마고(Margaux)에서 보르도 그랑 크뤼 샤또가 위치함
- 그 외 리스트락-메독(Listrac-Médoc)과 물리스 앙 메독(Moulis-en-Médoc) 마을 위치
- 지롱드 강 좌안에 위치, 자갈이 많은 토양
- 탄닌이 풍부하고 장기 숙성에 적합한 풀바디의 레드 와인 생산지
- 1855년 보르도 와인 등급 분류에서 메독의 여러 샤토들이 그랑 크뤼 등급 지정됨
- 1등급 그랑 크뤼 샤토로 라피트 로칠드(Château Lafite Rothschild), 라투르(Château Latour), 마고(Château Margaux), 그리고 1973년 2등급 그랑 크뤼에서 예외적으로 1긍급으로 승격한 무통 로칠드(Château Mouton Rothschild)가 위치함

**Q: 그라브(Graves)지역의 의미와 특징은?**

**A:** - 보르도시 남쪽에 위치
- 가론 강의 좌안 산지
- 지명의 유래는 자갈이 많은 토양(graves) 의미
- 해양성 기후의 영향을 받는 지역

- 자갈밭은 배수와 열을 잘 보존하여 포도 재배에 이상적 환경 제공
- 보르도 전통적인 품종들을 블렌딩
- 페삭-레오냥(Pessac-Léognan) 아로쎄(A.O.C.) 최고 품질의 와인을 생산하는 구역

**Q: 소테른(Sauternes)지역의 특징은?**

**A:** - 보르도 남동쪽, 가론 강의 지류인 시롱 강 근처 위치
- 스위트한 (② )으로 유명
- 아침 안개는 보트리티스 시네레아(Botrytis cinerea)라는 귀부병을 유발
- 생산량이 적고 수작업으로 포도를 수확 고가 와인 생산
- 포도 품종은 세미용, 소비뇽 블랑, 뮈스카델 품종 사용
- 최고 귀부 와인 생산자인 샤토 디켐(Château d'Yquem) 위치

**Q: 쎙떼밀리옹(Saint-Emilion) 지역의 토양과 주요 품종은?**

**A:** - 보르도 동북부 도르도뉴 강 우안에 위치
- 오랜 포도밭의 역사성으로 UNESCO 세계문화유산으로 지정된 지역
- 석회암과 점토-석회질 토양에 지역에 따라 모래와 자갈이 섞인 토양
- 점토질이 많은 토양에서 잘 자라는 메를로 품종이 주 재배 품종
- 그 외 카베르네 프랑, 카베르네 소비뇽도 재배
- 쌩떼밀리옹 그랑 크뤼는 샤또 오존(Château Ausone), 샤또 슈발 블랑(Château Cheval Blanc), 샤또 빠비(Château Pavie), 샤또 앙젤뤼스(Château Angélus) 등

**Q: 뽀므롤(Pomerol) 산지의 특징과 주요 생산자는?**

**A:** - 보르도 우안(Right Bank) 위치
- 로마시대부터 포도가 재배된 역사가 깊은 와인 산지
- 약 800 헥타르의 작은 면적
- 점토와 자갈이 풍부한 토양
- 일부 지역에는 철분이 풍부한 크라스 드 페흐(crasse de fer)라 불리는 토양
- 점토질 토양에서 잘 자라는 메를로 품종이 주로 재배
- 그 외 카베르네 프랑, 카베르네 소비뇽이 생산
- 주요한 와이너리는 고가와인의 대명사 패트리스(Petrus) 외에 샤또 르 팽(Château Le Pin), 샤또 라플레르(Château Lafleur) 등 위치

보르도 와인 생산지역

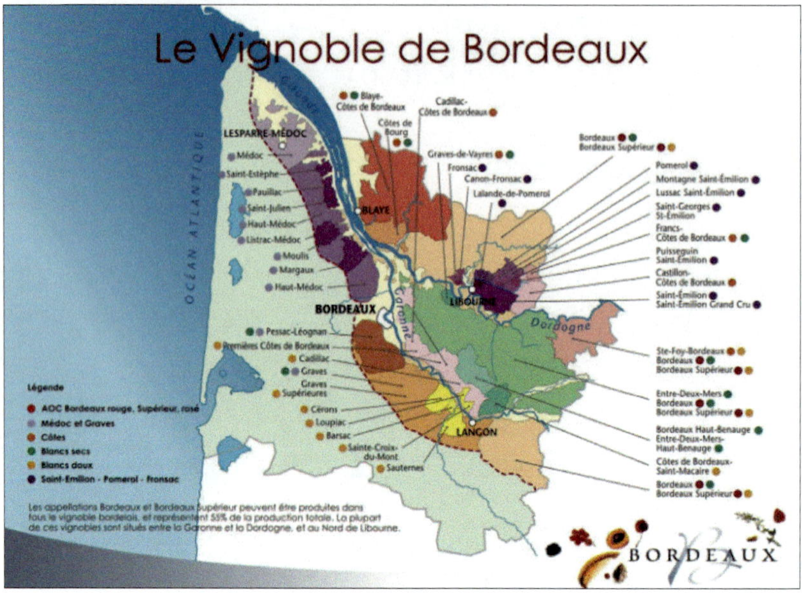


출처: https://www.courreges-wines.com/

**Q: 부르고뉴(Bourgogne) 와인산지는 로마 시대에 설립되어 수도사와 부르고뉴 공작에 의해 발전한 재배지는 프랑스 혁명 이후에도 계속 발전하여 1936년에 탄생한 아오쎄(A.O.C.) 와인 등급 분류를 매우 일찍부터 채택했다. 부르고뉴 지역 클리마(Climats)의 의미는 무엇인가?**

**A:** - 토양의 특성과 지역 기후 조건에 따라 정확하게 구분 된 포도밭 구획 의미
- 부르고뉴 지역 와인 문화의 핵심적인 개념
- 중세 수도사들이 시작한 개념으로, 수세기에 걸쳐 발전
- 수도사들은 각 구획의 특성을 관찰하고 기록하면서 클리마 형성
- 클리마는 테루아 개념의 구체적인 표현
- 토양, 미기후, 경사, 방향 등 모든 환경 요소를 포함
- 오늘날 부르고뉴에서는 수천 개의 클리마 존재
- 품질에 따라 그랑 크뤼(Grand Cru), 프리미에 크뤼(Premier Cru), 빌라주(Village) 등으로 분류

부르고뉴 주요 와인 산지

샤블리 지역

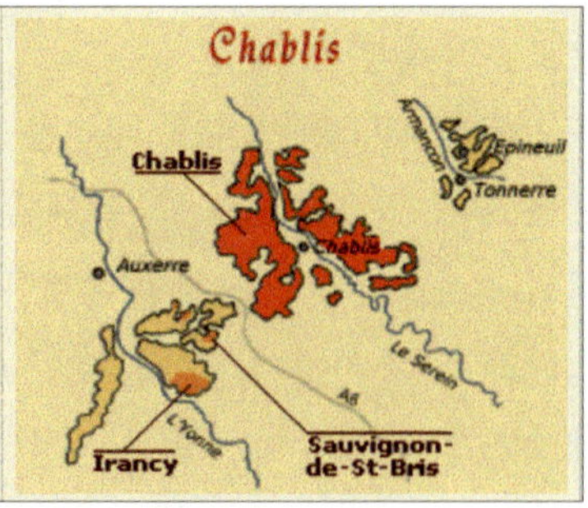


출처 : https://www.chateauloisel.com/

**Q: 부르고뉴 지역의 유명한 화이트 와인 산지인 샤블리(Chablis)의 테루와 특징은?**

**A:** - 부르고뉴의 가장 북쪽에 위치하며 100% 샤르도네(Chardonnay)품종 사용
- 샤블리 주변 지역은 쥐라기 시대로 거슬러 올라가는 석회암 고원
- 키메리지안(Kimmeridgian) 석회질, 점토 토양
- 암석에서 작은 (③ )은 과거 부르고뉴를 덮고 있던 따뜻하고 얕은 바다 상기
- 이러한 떼루아 중 일부는 프르미에 크뤼 (Premiers Crus)의 본거지
- 와인에 독특한 미네랄 특성을 부여
- 대륙성 기후로 와인의 높은 산도와 신선함 유지됨
- 일반적으로 오크 숙성을 하지 않아 과일 풍미와 미네랄 특성
- 깨끗하고 선명한 맛, 시트러스, 청 사과, 미네랄, 부싯돌 향
- 음식 매칭은 해산물, 염소 치즈 등

부르고뉴 AOC 등급 체계

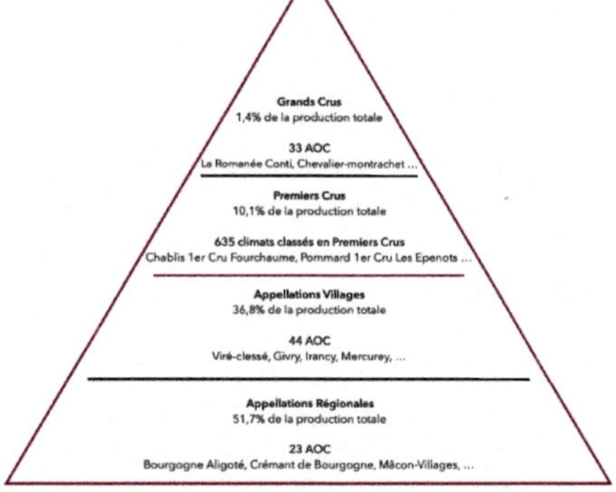


출처: https://blog.le-bourguignon.fr/

**Q: 부르고뉴 최고의 마을이 위치한 꼬뜨 드 뉘(Côte de Nuits)의 특성은?**

**A:** - 부르고뉴의 북부에 위치

- 꼬뜨 도르(Côte d'Or)의 북쪽 부분을 차지
- 꼬뜨 드 본(Côte de Beaune)과 함께 부르고뉴의 주요 와인 생산 구역 형성
- 북향의 경사면과 다양한 토양 유형을 가진 지역
- 석회암과 점토, 자갈이 혼합된 토양에 피노 누아 포도 품종 잘 적응
- 세계 최고의 피노 누아 와인을 생산하는 지역
- 유명 특등급(Grand Cru) 포도 밭은 로마네 꽁띠, 에세조, 샹베르뗑, 뮈지니, 끌로 드 부조 라 따슈 등 유명한 클리마 위치

Côte de Nuits

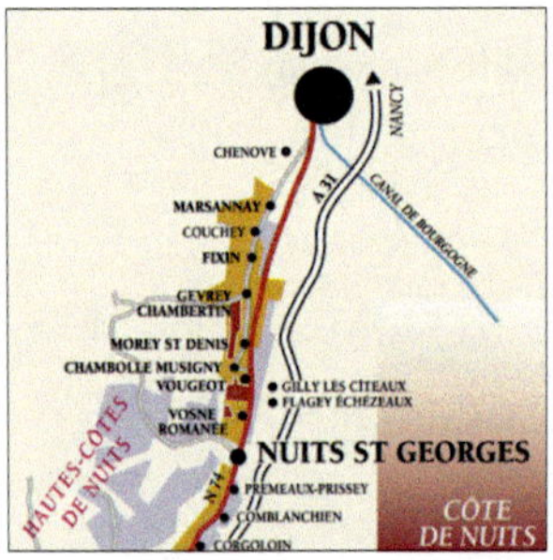


출처 : https://www.bourgogne-info.eu/

Romanée-Conti

출처 :https://www.cellartracker.com/

**Q: 꼬뜨 드 본(Côte de Beaune)의 특징은?**

**A:** - 꼬뜨 드 뉘(Côte de Nuits)의 남쪽과 인접 지역

- 본(Beaune) 마을을 중심으로 형성
- 역사적으로 부르고뉴 와인 거래의 중심지 역할
- 남향의 경사면과 석회암, 점토, 자갈 등 구릉지
- 대륙성 기후와 지중해성 기후의 영향을 받음
- 단일 품종을 사용하는 전통으로 피노 누아와 샤르도네 재배
- 화이트 와인 생산 비율 높은 편
- 부르고뉴 화이트 와인 그랑 크뤼(Grand Cru) 포도 밭 집중된 지역
- 그랑 크뤼(Grand Cru) 포도 밭 중 꼬르통(Corton)은 레드 와인 생산
- 꼬르통-샤를마뉴, 몽라쉐, 바타르-몽라쉐, 슈발리에-몽라쉐 등 화이트 와인으로 유명

Côte de Beaune

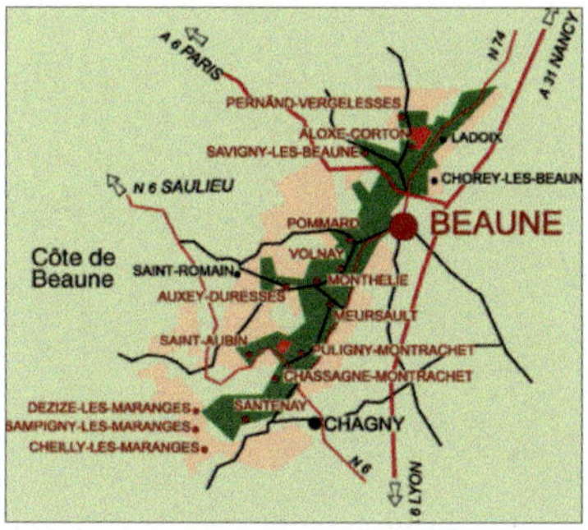


출처: https://drinksdude.wordpress.com/

출처: https://jeroboams.co.uk/

**Q: 꼬뜨 샬로네즈(Côte Chalonnaise) 지역의 특징은?**

**A:** - 꼬뜨 도르(Côte d'Or) 지역의 남쪽에 위치
- 로마 시대부터 포도 재배와 와인생산 시작
- 주변 지역과 마찬가지로 중세 수도원들이 와인 생산을 주도 발전함
- 1936년에 아오쎄(A.O.C.)도입되어 와인의 품질과 원산지를 보증
- 주요한 재배 품종은 피노누아, 샤르도네 그리고 알리고떼 등 품종 사용
- 부즈롱(Bouzeron)에서 프랑스에서 유일하게 알리고테로 만든 아오쎄 생산
- 메르퀴레(Mercurey)는 지역 내에서 가장 유명한 레드 와인 생산지
- 몽따니(Montagny)는 샤르도네 품종으로 만든 화이트 와인 유명
- 대부분 빌라쥐(Village)급 와인 생산하여 상대적으로 저렴한 와인 공급

Côte Chalonnaise

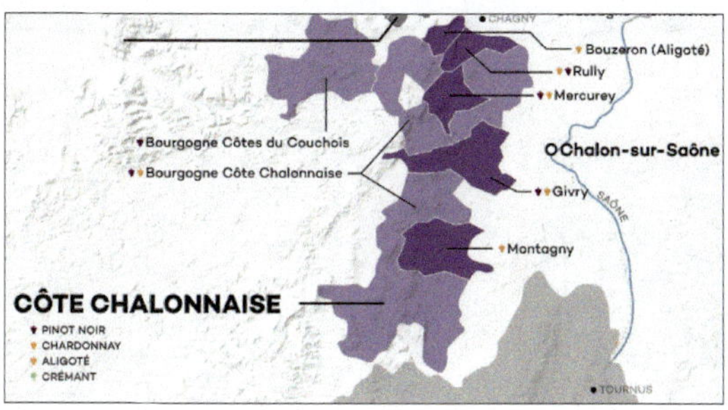


출처 : https://winefolly.com/

출처 : https://www.bourgogne-tourisme.com/

**Q: 마꼬네(Mâconnais) 지역의 특징과 주요 재배 품종은?**

**A:** - 로마 시대로 거슬러 올라가는 오랜 역사
- 부르고뉴 남부에 위치한 와인 생산 지역
- 마꼬네는 주로 주로 섬세하고 아름다운 미네랄을 지닌 드라이 화이트 와인 생산
- 화이트 와인생산량 비중은 약 85%
- 나머지 15%를 레드와 로제 와인 차지
- 주요 포도 품종은 화이트 와인을 생산하는 샤르도네
- 레드와 로제 와인용 품종은 가메와 피노 누와 사용
- 통양은 석회질 토양이 주를 이룸
- 2020년 프르미에 크뤼(1er cru)로 분류된 유명한 뿌이 퓌세(Pouilly-Fuissé)를 포함 5 개의 크뤼 위치

Mâconnais

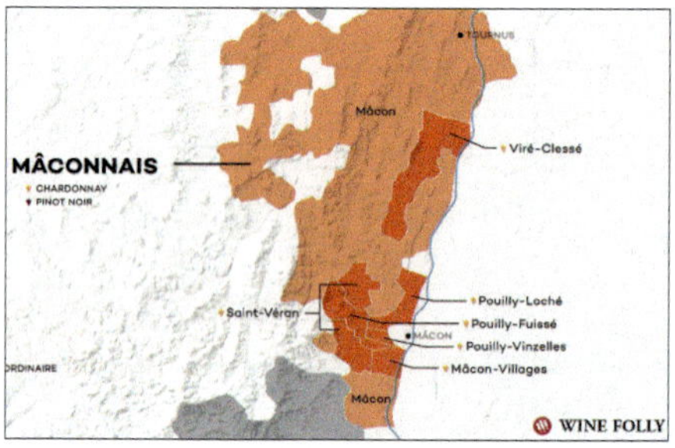


출처 : https://winefolly.com/

Pouilly-Fuissé premier cru

출처: https://www.grandsbourgognes.com/

## ● 세계 최고가의 와인 르 로이(Domaine Leroy)

위 영상을 잘 시청하고 아래의 질문에 답하시오.

1. 도멘 르로이 뮤지니 그랑크뤼(Domaine Leroy Musigny Grand Cru)가 세계에서 가

장 비싼 와인으로 선정된 이유는 무엇인가?

2. 랄루 비즈 르로이(Lalou Bize Leroy)가 도멘 르로이를 설립하게 된 배경은 무엇인가?
3. 메종과 도멘의 차이점은 무엇이며, 도멘 르로이가 더 높은 평가를 받는 이유는 무엇인가?
4. 랄루 비즈 르로이가 실천한 바이오다이나믹 양조 방식의 특징은 무엇인가?
5. 도멘 르로이 와인의 독특한 향과 맛의 특징은 무엇인가?

출처: https://youtu.be/nTSXV9jgPWE?si=6eJM062fRx5p6Ro-
https://winehog.org/

**Q: 발레 뒤 론(VALLEE DU RHÔNE) 와인의 형성과 특징은?**

**A:** - 기원전 4세기경 그리스인들이 이 지역에 포도를 처음 재배
- 로마인들이 론 강을 따라 포도 재배를 확장
- 14세기 교황청이 (④　　)으로 이전하면서 와인 생산이 크게 발전
- 론 밸리는 프랑스에서 두 번째로 큰 와인 생산 지역
- 마디감이 묵직하고 색이 진하고 강건하며 알코올 도수도 높은 레드 와인을 생산
- 프랑스 남동부에 위치
- 론 강을 따라 북쪽의 비엔(Vienne)에서 남쪽의 아비뇽(Avignon)까지 분포
- 테루아는 미스트랄(Mistral) 바람의 영향과 화강암, 석회암, 자갈, 점토 등 토양
- 블렌딩이 일반적이며, 특히 남부 론에서 다양한 품종을 조합하여 복합적이고 균형 잡힌 와인 생산
- 레드 와인은 풍부한 과일 향, 허브, 향신료, 가죽 등의 복합적인 풍미
- 화이트 와인은 과일 향과 꽃 향기, 미네랄리티 강조

**Q: 북부 론과 남부 론 두 지역의 특징적 차이는?**

**A:** - 북부 론의 주 품종은 레드 와인에 시라, 화이트 와인에 비오니에 사용
- 대륙성 기후로, 더운 여름과 추운 겨울
- 유명 아오쎄(A.O.C.)는 코트 로티, 에르미타주, 콩드리유
- 풀바디, 강한 탄닌에 저장성 좋은 레드와인 스타일 생산
- 북부 론의 시라 와인은 강한 탄닌과 높은 산미가 특징
- 남부 론의 주 품종은 그르나슈, 시라, 무르베드르로 블렌딩 와인
- 지중해성 기후로, 여름은 덥고 건조하며 겨울은 온화
- 유명 아오쎄(A.O.C.)는 샤토뇌프-뒤-파프, 지공다스
- 남부 론의 와인은  탄닌이 적고 향이 풍부한 레드 와인 스타일 생산

**Q: 꼬트 로티(Côte–Rôtie)지역의 지리적 특성과 주 재배 품종은?**

**A:** - 론 밸리 북부에 위치한 와인 산지
- 꼬트 로티(Côte-Rôtie)는 "구운 경사면"이라는 뜻의 명칭
- 꼬트 로티 지역의 포도밭은 해발 180~325m 사이의 높이에 론(Rhône)강 경사면에 위치 -2000년 이상 동안 인간에 의해 형성된 경작지로 가장 가파른 경사면은 60% 경사
- 샤일레(chaillées)라고 불리는 계단식 포도 밭을 형성
- 포도밭은 중앙 산맥인 마시프 쌍트랄(Massif Central)의 동쪽 가장 자리에 위치
- 주로 편암 형태의 변성암이 많이 분포
- 층을 이루며 잘 갈라지는 특성으로 뿌리가 암석 사이로 깊이 뻗어 내려갈 수 있는 환경 제공
- 지역의 기후는 반 대륙성 기후에 지중해의 영향을 받아 겨울은 다소 시원하고 여름은 덥고 강우량은 비교적 규칙적
- 시라(Syrah)품종을 주 재배 품종으로, 약간의 비오니에(Viognier) 재배
- 시라 품종은 우아하면서도 강력한 탄닌을 함유 숙성 가능성이 뛰어난 고품질 와인 생산
- 이 지역에서는 시라(Syrah)에 비오니에(Viognier) 품종 추가 가능

꼬트 로티 포도 수확

변성암

출처 : https://www.cote-rotie.com/

**Q: 카톨릭 교황청 역사와 깊은 관련이 있는 샤토뇌프-뒤-파프(Chateauneuf-du-Pape)의 역사와 테루와 특성과 품종 블렌딩 특징은?**

**A:** - 론 밸리 남부에 위치한 산지
- 교황청이 있던 아비뇽 북쪽에 위치
- 14세기 이탈리아 로마 교황청이 아비뇽으로 이전하면서 와인 생산지로 발전
- 1936년 프랑스 최초의 아오쎄(A.O.C.) 중 하나로 지정된 역사가 깊은 지역
- 지중해성 기후 연간 2,800시간 이상의 풍부한 일조량
- 미스트랄 북풍의 영향
- 자갈, 모래, 석회암, 점토 등의 토양으로 구성된 떼루와에서 주로 레드 와인 생산
- 수백만 년 전 알프스에서 론 강에 의해 운반된 둥근 자갈(galets roulés)이 샤토뇌프-뒤-파프 포도밭의 약 70~80%를 차지
- 자갈 밭은 낮 동안 태양열을 흡수 밤에 방출해 포도 숙성을 도우며, 우수한 배수 능력과 토양 깊숙이 수분을 유지 건조기 포도나무를 보호
- 자갈층이 잡초 성장 억제  및 와인의 미네랄리티와 복잡성 향상
- 샤또 뇌프 뒤 빠프는 13개의 허용된 품종을 혼합
- 주 품종인 그르나쉬와 쉬라 품종에 무르베드흐, 쌩소 등 적포도 품종과  루산, 클레렛 등 5종의 청포도 품종을 블렌딩 바디감에 알코올 함량이 높은 와인 생산

galets roulés

https://vinwinowine.com/

https://www.vivino.com/

## ● 아비뇽 유수와 샤또 네프 뒤 빠프의 탄생

위에 링크된 영상을 시청하고 아래 제시된 질문에 답하시오.

1. 아비뇽 유수는 무엇이며, 이 사건이 와인과의 관계는?
2. 아비뇽 유수 기간 동안 교황들이 와인 생산에 대한 기여는?
3. 샤또네프 뒤 파프(Châteauneuf-du-Pape)와인은 어떤 특징을 가지고 있나?

출처: https://youtu.be/5I-ZMhPhnMc?si=mMCpZmOJcJRT2T5c

https://shop.elywinebar.ie/

**Q: 지공다스(Gigondas) 와인 산지의 특성은?**

**A:** - 론 밸리 남부 당텔(Dentelles de Montmirail) 산맥 기슭에 위치한 구역
- 고대 로마 시대부터 와인 생산
- 1971년 원산지 통제 명칭인 아오쎄(A.O.C.) 등급 획득
- 지중해성 기후로 여름 철 태양과 차갑고 건조한 북풍인 미스트랄(Mistral) 영향
- 미스트랄은 습도 감소로 곰팡이 억제 효과와 와인의 농축도와 복합미를 향상
- 그르나슈(Grenache) 품종을 중심으로 시라(Syrah), 무르베드르(Mourvèdre), 생소(Cinsault), 카리냥(Carignan) 등 품종을 블렌딩
- 풍부하고 강렬한 레드 와인 생산
- 그 외  소량의 로제 와인과 화이트 와인 생산

Gigondas

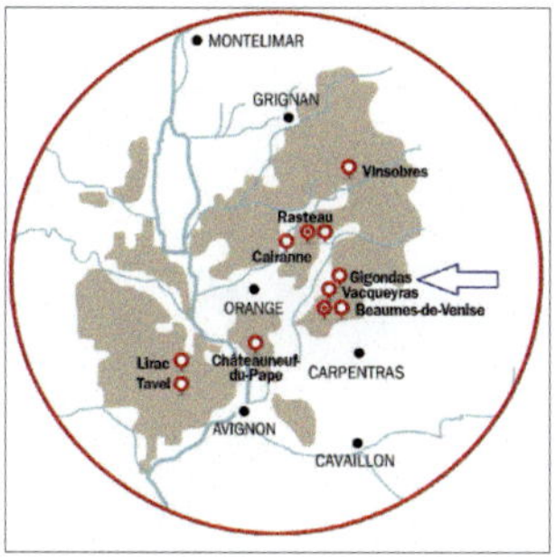


https://www.mattwalls.co.uk/

https://www.wine.com/

**Q: 로제 와인의 대표격인 타벨 (Tavel)와인 생산지 특징과 주요 품종은?**

**A:** - 론 밸리 남부에 아비뇽의 북서쪽에 위치한 와인 산지
- 로제 와인만을 전문적으로 생산하는 유일한 아오쎄(A.O.C.)
- 로마 시대부터 와인 생산
- 1936년 원산지 통제 명칭 등급을 획득한 로제와인의 대표적 생산지
- 지중해성 기후로 뜨거운 여름과 온화한 겨울을 특징
- 그르나슈, 생소 품종을 중심으로 시라, 무르베드르, 카리냥 등 재배
- 타벨 와인은 풍부하고 구조감 있는 스타일 로제 생산

발레 뒤 론 와인 생산지역

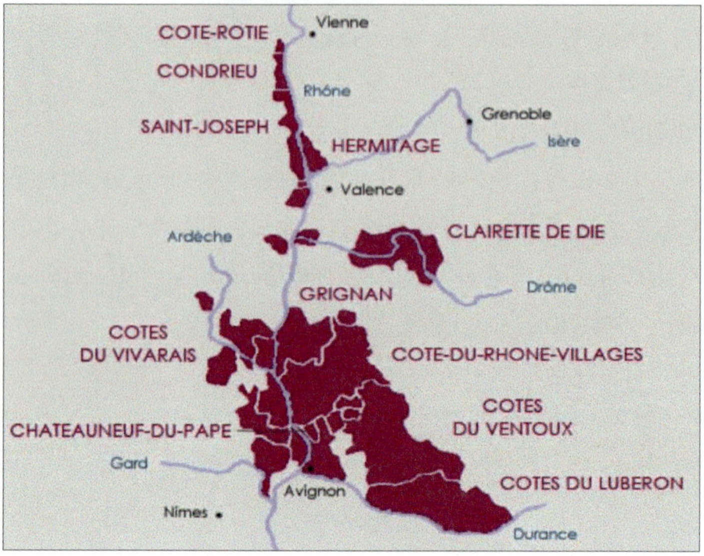


출처: https://www.vinotrip.com/fr/

## ● 론 와인

위에 링크된 영상을 시청하고 아래 제시된 질문에 답하시오.

1. 론 지역의 위치와 기후는 어떤 영향을 미치나?
2. 북부 론과 남부 론에서 주로 재배되는 포도 품종은 무엇인가?
3. 북부 론의 대표적인 와인 생산 지역은 어디인가?
4. 샤또 네프 뒤 빠프 와인의 특징은 무엇인가?
5. 론 와인 중 대중적으로 접근하기 좋은 지역은 어디인가?

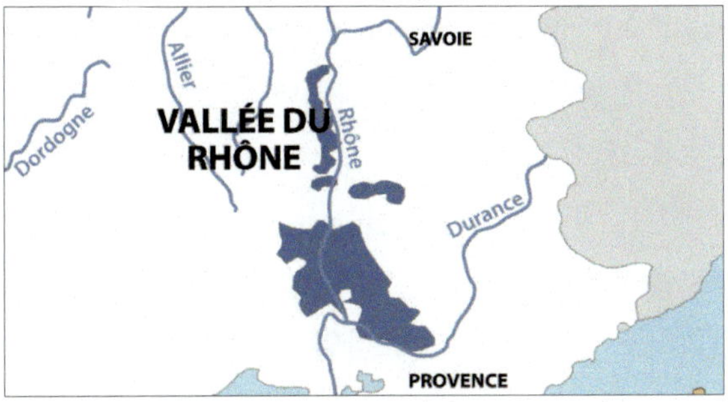


출처: https://youtu.be/a8aOgg0li58?si=TjVsCoubweJZ_lRJ
https://www.vinsocialclub.fr/

**Q: 샹빠뉴(Champagne)지방의 와인 역사와 일반적 특징은?**

**A:** - 로마 시대부터 포도 재배 시작
- 초기에는 주로 붉은 색 스틸 와인 생산
- 중세 시기에는 수도원을 중심으로 와인 산업 발전
- 돔 페리뇽(Dom Pérignon) 수도사의 와인 품질 개선 노력 -스파클링 와인의 세계적 산지
- 샴페인은 샹빠뉴(Champagne) 지명의 영어식 발음
- 위치는 파리에서 동쪽으로 약 150km 떨어진 곳에 위치
- 샴페인 포도밭은 거의 280,000개의 구획에 16,000명 이상의 와인 메이커가 재배
- 재배되는 구역의 대부분은 평균 12 아르(약 363평) 이내
- 샤르도네, 삐노누와, 삐노 메니에 품종을 블렌딩하여 양조

**Q: 샴페인 탄생의 역사와 기술의 진보 과정은?**

**A:** - 발포성 와인의 발견은 우연히 이루어짐
- 최북단에 위치한 샹빠뉴 지역은 가을 병입 전 빠른 추위로 발효가 중단 봄에 온도 상승으로 2차 발효 시작
- 초기에는 이를 결함으로 여겼으나, 점차 영국에서 인기를 얻기 시작
- 17세기 베네딕트 수도사인 돔 페리뇽(Dom Pérignon)이 블렌딩 기술, 코르크 마개 사용, 두꺼운 병 사용 등을 도입
- 19세기 초 마담 클리코(Madame Clicquot)가 르뮈아주(remuage) 기술 발명
- 1836년 당도 측정기 발명
- 1936년 아오쎄(A.O.C.) 시스템 도입으로 샴페인 지역과 생산 방식 규정

**Q: 논 빈티지 샴페인(Non-Vintage Champagne)의 의미는?**

A: - 특정 연도의 포도로 만들어지지 않은 샴페인
- 여러 해의 포도를 블렌딩하여 제조
- 논 빈티지 샴페인은 매년 동일한 품질을 유지
- 여러 해의 포도를 혼합하여 일관된 맛과 스타일을 제공
- 일반적으로 많이 소비되는 샴페인 스타일

**Q: 샴페인 레이블에 블랑 드 블랑(Blanc de Blancs)이라고 표시된 의미는?**

A: - 유일한 청포도 품종인 샤르도네 품종으로만 만들어진 샴페인
- 일반적으로 가볍고 섬세한 맛이 특징

**Q: 샴페인 레이블에 블랑 드 누아(Blanc de Noirs)라고 표시한 이유는?**

A: - 피노 누아와 같은 적포도 품종으로 만들어진 샴페인
- 일반적으로 좀 더 진하고 복합적인 맛

**Q: 로제(Rosé) 샴페인 이란?**

A: - 적포도 품종의 껍질과 함께 발효하여 색이 핑크 칼러로 변한 샴페인
- 과일 향이 풍부하고 시각적으로도 매력적

**Q: 밀레짐/빈티지(Millésime/Vintage) 샴페인이란?**

A: - 수확이 특별히 좋았을 때만 생산되는 특정 연도 표기의 샴페인
- 일반적으로 10년에 3~4번 정도 생산
- 생산자마다 빈티지 생산 기준 상이
- 최소 36개월 이상 병 숙성 필요
- 해당 연도의 포도만 사용

**Q: 프레스티지 퀴베(Prestige Cuvée)의 의미는?**

A: - 샴페인 하우스에서 생산되는 최고 품질의 샴페인
- 가장 좋은 빈티지에만 생산된 최상급 포도주로 제조
- 오랜 숙성 과정을 거치며 이로 인해 샴페인은 깊고 복합적인 맛과 향 특징

- 보통 제한된 양만 생산되며, 원료와 생산 과정 모두에서 엄격한 기준을 적용
- 샴페인 하우스의 기술력과 예술성의 정수를 보여주는 고품질 샴페인

**샴페인 종류**

출처 : https://glassofbubbly.com/

**Q: 샴페인 당도는 도자쥐(dosage)라고 불리는 과정에서 조절된다. 당도 레벨은 라벨에 표시되어 있어 소비자가 쉽게 확인할 수 있다. 샴페인 라벨에 표기되는 당도는 당도가 낮은 순서부터 보면 브뤼 나뛰흐(Brut Nature), 엑스트라 브뤼(Extra Brut), 브뤼(Brut), 엑스트라 섹(Extra Sec/dry), 섹(Sec/dry), 드미섹(Demi-Sec), 두(Doux) 순으로 당도가 표시된다. 최근에는 가방 많이 소비되는 브뤼(Brut)보다 더 드라이한 스타일인 브뤼 나뛰흐(Brut Nature), 엑스트라 브뤼(Extra Brut)스타일이 인기를 얻고 있다. 그럼 샴페인 라벨에 표시되는 용어의 의미는 각각 무엇인가?**

**A:** - 브뤼 나뛰흐(Brut Nature): 당도가 전혀 없는 샴페인, 가장 순수한 형태의 샴페인
- 엑스트라 브뤼(Extra Brut): 거의 설탕이 첨가되지 않은 상태, 매우 드라이하고 깔끔한 맛 제공
- 브뤼(Brut): 가장 일반적인 드라이 샴페인, 상쾌하고 드라이한 맛이 특징
- 엑스트라 섹(Extra Sec/dry) : 브뤼(Brut)보다 약간 달콤한 스타일 샴페인, 리터당 12-17 그램 설탕이 첨가
- 섹(Sec/dry) : 조금 더 달콤한 스타일로, 리터당 17~32 그램 설탕 첨가
- 드미-섹(Demi-Sec): 당도가 상대적으로 높은 샴페인, 리터당 32~50 그램 정도의 설탕 첨가

- 두(Doux) : 샴페인 중 가장 달콤한 카테고리, 잔당 함량이 리터당 50그램 이상의 설탕이 첨가. 19세기 이전에는 더 달콤한 샴페인이 인기 있었으나 현재는 매우 드물게 생산

**샴페인 당도 레벨**

출처 : https://winefolly.com/

**샹빠뉴 와인 생산지역**

출처: https://winefolly.com/

## ● 샴페인과 스파클링 와인

위에 링크된 영상을 잘 시청하고 아래의 질문에 답하시오.

1. 샴페인이라는 이름을 사용할 수 있는 와인의 조건은 무엇인가?
2. 샴페인과 스위트한 스파클링 와인의 차이점은 무엇인가?
3. 보통 샴페인을 주문할 때 달콤한 맛을 기대하면 안 되는 이유는 무엇인가?
4. 프랑스 샹파뉴 지역에서 생산되는 샴페인의 특징은 무엇인가?
5. 달콤한 스파클링 와인을 찾는다면, 레스토랑에서 어떤 종류를 주문해야 하나?

출처: https://youtu.be/FmBZOV-NuPw?si=N1rBGvEACH_rZP2W
https://www.wineenthusiast.com/

**Q: 발레 드 라 루아르(Vallée de la Loire)지역의 특징은?**

**A:** - 프랑스 중부와 서부에 걸쳐 약 55,000헥타르 면적
- 약 800km에 달하는 와인 루트가 있는 루아르 계곡은 프랑스에서 가장 긴 와인 산지
- 수많은 고성(château)들이 있어 (⑤      )라고 칭함
- 프랑스에서 세 번째로 큰 와인 산지, 매년 약 3억 2천만 병 판매
- 대서양의 영향을 받는 해양성 기후에 내륙으로 갈수록 대륙성 기후의 특성
- 주요 포도 품종은 소비뇽 블랑, 슈넹 블랑, 뮈스카데
- 레드 와인 용 카베르네 프랑, 가메, 피노 누아
- 다양성 스타일 와인 생산지, 특히 화이트 와인과 스파클링 와인이 우수

**Q: 상트르(Centre)지역의 테루와와 주요 생산 구역은?**

**A:** - 루아르 계곡의 동쪽 끝, 센느 강과 루아르 강 사이에 위치
- 샹빠뉴와 부르고뉴지역 근접지
- 대륙성 기후로 아침과 저녁의 기온 차이가 커 포도의 산미를 높이는 데 중요한 역할
- 토양은 석회암, 점토질 석회암(Kimmeridgian Marl), 그리고 실렉스(Silex) 토양
- 주요 산지로 상세르(Sancerre)와 푸이 퓌메 (Pouilly-Fumé)
- 상세르에는 주로 소비뇽 블랑으로 만든 화이트 와인이 생산
- 신선한 산미와 함께, 시트러스, 허브, 미네랄리티, 화약 향 등 특징
- 푸이 퓌메도 소비뇽 블랑으로 유명, 실렉스 토양 덕분에 푸이 퓌메 와인은 특유의 훈연 향으로 퓌메(Fumé: 연기) 명칭 사용

**Q: 투렌느(Touraine)지역의 테루와와 주요 재배 품종은?**

**A:** - 루아르 강을 따라 중앙에 위치한 지역으로, 주요 도시는 투르(Tours)
- 해양성 기후와 대륙성 기후가 혼합된 특성
- 석회암과 화강암이 주된 토양, 미네랄리티가 풍부한 와인 생산
- 주요 화이트 품종으로 슈냉 블랑, 소비뇽 블랑
- 레드 품종으로 카베르네 프랑, 가메 그리고 말벡과 피노 누아 소량으로 재배
- 슈냉 블랑으로 만든 크레망 드 루아르(Crémant de Loire)는 섬세한 거품과 복합적인 풍미를 지닌 스파클링 와인
- 루아르 강의 오른쪽 제방에 위치한 부브레 지역에서는 슈냉블랑을 사용하여 약발포성의 와인 유명
- 시농과 부르괴이에서는 카베르네 프랑으로 만든 레드 와인 유명

**Q: 앙주 소뮈르(Anjour-Saumur)지역에서 로제 당주를 만드는 품종은?**

**A:** - 루아르 강 남쪽에 위치, 앙제(Angers)와 소뮈르(Saumur)라는 주요 도시를 중심으로 와인 생산
- 온화한 해양성 기후의 영향
- 로제 당주(Rosé d'Anjou)는 대표적인 로제 와인으로, 카베르네 프랑과 그롤로(Grolleau) 품종을 블렌딩해 제조
- 까베르네 당주(Cabernet d'Anjou)는 카베르네 프랑과 카베르네 소비뇽을 블렌딩한 로제 와인으로, 약간의 단맛이 있으며 붉은 과일 향이 풍부

- 슈냉 블랑을 사용하여 스파클링 와인도 생산

**Q: 뻬이 낭떼(Pays Nantais)지역의 특징과 뮈스카데를 만드는 품종은?**

**A:** -서부에 위치한 와인 생산지로, 대서양과 가까운 위치

- 루아르 강이 대서양으로 흘러가는 하구 근처에 위치한 지역
- 낭트(Nantes) 시를 중심으로 한 주변 지역을 포함
- 해양성 기후의 영향, 대서양에서 불어오는 바람 영향으로 습하고 온화한 기온 특징
- 토양은 주로 화강암, 점토질, 사암, 그리고 셰일로 구성
- 이 토양은 와인에 뛰어난 미네랄리티를 부여
- 믈롱 드 부르고뉴(Melon de Bourgogne)품종은 뻬이 낭떼 지역의 대표적인 품종으로, 뮈스카데(Muscadet) 와인 주품종
- 뮤스카데 와인은 쉬흐 리(Sur Lie) 방식으로  효모 찌꺼기와 함께 오랜 기간 동안 숙성되어, 와인에 풍부한 질감과 복합적인 향 표현됨

루와르 와인 생산지역

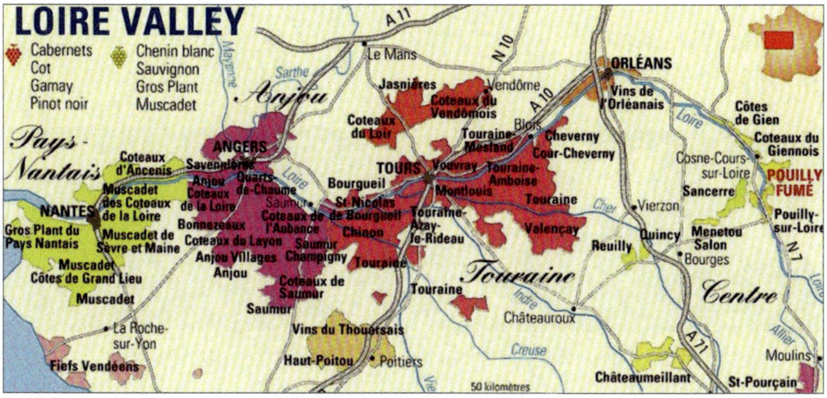


출처: https://www.bayleaf.us/

정답: 1.수도원 2.귀부와인 3.굴 퇴적물 4.아비뇽 5.왕들의 골짜기

## ● 푸이 퓌메 전설적인 생산자 디디에 다그노

위의 링크된 영상을 보고 디디에 다그노의 양조 철학에 대해 생각해 보자.

아래 제시된 질문에 답해보시오.

1. 디디에 다그노가 와인 생산을 시작하기 전에 어떤 경력을 쌓았나?
2. 디디에 다그노가 와인 생산을 시작한 계기는 무엇이었나?
3. 디디에 다그노의 와인 생산 방식은 전통적인 뿌이 퓌메 방식과 어떻게 달랐나?
4. '실렉스'라는 와인의 이름은 어떤 의미를 가지고 있나?
5. 디디에 다그노의 최고가 와인들은 무엇이며, 대략적인 가격대는 어떻게 되나?
6. 디디에 다그노는 어떤 비극적인 사건으로 생을 마감했나?
7. 디디에 다그노의 사망 이후 그의 와인 가격의 변동은?

출처: https://youtu.be/z3kh5bUhXRY?si=v0GeH2ui-qeSQvgy

https://alchetron.com/ https://www.lepasseurdevin.ch/

## 2. 이탈리아, 와인의 종주국



### 1) 이탈리아 와인 개요

**Q: 이탈리아 와인의 고대부터 현대까지 역사 과정은?**

A: - 고대 로마 시대부터 와인 재배 시작
- 로마 제국의 확장과 함께 와인 양조 기술 발전
- 로마는 이탈리아 반도 전역에 포도밭을 확장
- 로마 제국의 붕괴 이후, 수도원에서 와인 양조가 중요한 역할
- 중세 수도원은 와인 생산 기술 보존과 발전에 중요한 기여
- (①　　)의 귀족들은 고급 와인을 선호
- 와인은 사회적 지위와 부를 나타내는 중요한 요소
- 19세기 필록세라가 유럽을 휩쓸면서 이탈리아 와인 산업도 피해
- 20세기 초 이탈리아 와인 산업의 현대화와 DOC 제도 도입으로 품질과 지역적 특성을 보장
- 오랜 역사에 비해 프랑스와 비교 저평가 받았던 이탈리아 와인은 새로운 외래 품종 수용과 최신 양조 기술도 접목하며 발전 중

### 2) 토스카나에서 피에몬테까지: 이탈리아 와인의 숨은 명소

**Q: 베네또(Veneto)지역 와인의 역사적 흐름은?**

A: - 이탈리아 (②　　)에 있는 와인 산지
- 고대 로마 시대부터 와인 생산 시작
- 로마인들은 포도 재배와 와인 양조를 통해 제국의 와인 무역에 기여
- 르네상스 시대에는 와인 생산 확대로 이탈리아의 주요 와인 산지로 부상
- 1960년대에는 DOC 제도 도입
- 베네토 지역의 와인 품질을 보장하고 보호하기 위한 규제 기준 설정

**Q: 인기 있는 스파클링 와인 생산 지역인 프로세코(Prosecco)의 품종과 특징은?**

A: - 글레라(Glera) 품종으로 생산
- 글레라의 이전 품종명은 프로세코(Prosecco)

- 2009년 공식적으로 글레라(Glera)로 품종명 변경
- 이는 프로세코(Prosecco)를 지역 명칭으로 보호하기 위한 조치
- 글레라로 만든 와인의 특징은 신선하고 가벼우며
- 향긋한 사과, 배, 복숭아, 아카시아 꽃 향 특징

**Q: 삐에몬떼(Piemonte)지역의 재배 면적과 최고 등급인 DOCG 지정 주요 생산지는?**

**A:** - 약 60,000 헥타르의 포도밭
- 연간 300만 헥토리터 이상의 와인 생산
- (③ ) 와인과는 DOCG 또는 DOC 와인이 가장 많은 이탈리아 와인 지역이라는 타이틀을 놓고 경쟁
- 삐에몬테에서 최고 등급인 DOCG 등급을 받은 대표적 와인 생산 지역은 네비올로 품종으로 힘있는 레드와인을 만드는 바롤로(Barolo)와 바르바레스코(Barbaresco)
- 달콤한 레드 스파클링 와인이 생산되는 브라체토 다퀴(Brachetto d'Acqui)
- 신선하고 미네랄한 화이트 와인 산지인 가비(Gavi)
- 구조감 있는 레드 와인을 생산하는 겜메(Ghemme)
- 강렬하고 장기 숙성 가능한 레드 와인 가티나라(Gattinara)
- 낮은 알코올 도수의 달콤한 약발포성 와인인 아스티(Asti)

**Q: 토스까나(Toscana) 지역의 와인 시작과 중세시대까지 와인산업의 흐름은?**

**A:** - 고대 에트루리아인들은 이 지역에 포도 재배와 와인 양조 기술을 개발
- 이들의 전통이 로마 시대에도 계승
- 중세에는 수도원과 교회가 토스카나(Toscana) 지역의 와인 생산에 큰 역할
- 교회는 와인 양조 기술을 발전시키고 포도 재배를 확산
- 르네상스 시대에는 메디치 가문 등 귀족들이 와인 산업을 후원

**Q: 18세기 끼안띠(Chianti) 와인의 역사적으로 중요한 전환점을 맞이한 법령은?**

**A:** - 18세기 끼안띠 지역에서 전통적인 와인이 생산되기 시작
- 1716년, 토스카나 대공국의 코시모 3세(Cosimo III de' Medici)는 끼안띠 와인 생산 지역을 공식적 지정 이탈리아 최초의 (④ )을 제정
- 끼안띠 지역에서 생산된 와인의 품질을 보장하고, 지역 명성을 높이는 역할
- 끼안띠 와인은 공식적 지위와 "끼안띠 클라시코(Chianti Classico)" 지역 형성
- 산지오베제를 중심으로 다양한 블렌딩을 통해 생산

**Q: 1967년 끼안띠(Chianti) DOC 품종 규정은 무엇이며 어떠한 영향을 주었나?**

A: - 이탈리아 토스카나 지역에서 생산되는 끼안띠 와인의 품질 보장 공식 규정
- 끼안띠 와인의 블렌딩 비율을 명확하게 규정
- 주요 품종인 산지오베제를 중심으로 까나이올로와 청포도 품종인 말바지아 비앙카, 트레비아노 등 블렌딩 비율을 엄격히 통제하는 법률
- 끼안띠 와인의 표준화로 이탈리아 와인의 이미지를 유지 목적
- 청포도 품종이 포함된 규정은 이후에 비판을 받았고, 1984년 청포도 품종의 사용 금지됨

**Q: 토스까나 지역의 대표적 고급와인을 상징하는 슈퍼 토스칸(Super Toscans)이라는 용어는 1980년대에 주로 사용되기 시작했다. 슈퍼 토스칸 명칭의 의미와 주요 브랜드는?**

A: - 토스카나(Tuscany) 지역에서 생산되는 고품질 와인을 지칭하는 비공식적인 용어
- 이 명칭은 1960년대 후반에서 1970년대 초반에 걸쳐 등장
- 전통적인 이탈리아 와인 규정을 따르지 않고 프랑스 품종을 블렌딩하여 만든 혁신적인 와인 생산자들의 브랜드를 지칭
- 전통적인 품종 규정을 따르지 않았기 때문에 상위 등급을 받을 수 없었고, 대신 이지티(IGT: Indicazione Geografica Tipica) 등급 지정됨
- 슈퍼 토스칸의 시초로 불리며, 1968년에 첫 빈티지가 출시된 사시까이아(Sassicaia)
- 산지오베제를 주 품종으로 사용하면서, 카베르네 소비뇽과 카베르네 프랑을 블렌딩한 티냐넬로(Tinanello)
- 메를로, 카베르네 소비뇽, 카베르네 프랑, 그리고 쁘티 베르도(Petit Verdot)를 블렌딩한 오르넬라이아(Ornellaia)
- 100% 메를로로 양조한 마세토(Masseto)
- 산지오베제, 카베르네 소비뇽, 카베르네 프랑의 블렌드로 생산된 솔라이아(Solaia)

**Q: 수천 년에 걸쳐 이어져 온 시칠리아(Sicily)의 와인 역사는?**

A: - 고대 그리스 식민지로, 그리스인들이 시칠리아의 첫 번째 와인 제조
- 고대 기록에는 와인의 신인 (⑤ )가 시칠리아에서 첫 포도나무를 심는 모습 묘사
- 로마 제국 지배로 와인 생산 확산
- 중세 시대에는 수도원과 교회가 시칠리아 와인 생산과 발전에 중요한 기여

- 18~19세기에는 시칠리아 와인의 영국 수출
- 20세기 초반에는 대량 생산된 시칠리아 와인 유럽 전역 수출
- 70~80년대  새로운 포도 품종 도입과 현대적인 양조 기술 적용
- 1990년대부터 시칠리아 와인산지는 혁신과 품질 향상에 집중하기 시작하여, 세계적인 수준의 와인을 생산
- 이탈리아의 총 와인 생산량의 17.5% 차지

**Q: 시칠리아에서는 재배되는 포도 품종은?**

**A:** - 시칠리아에서 가장 많이 재배되는 화이트 품종인 카타라토(Catarratto), 마르살라 와인 생산에 사용되는 그릴로(Grillo),  토착 청포도 품종인  카리칸테(Carricante)
- 주요 적포도 품종으로는 토착 품종인 네로 다볼라(Nero d'Avola), 에트나 화산 지역에서 주로 재배되는 네렐로 마스칼레제(Nerello Mascalese) 그리고 가벼운 레드 와인 생산에 사용되는 프라파토(Frappato)
- 최근 프랑스 품종이나 인기 있는 북부 이탈리아 품종도 재배

**이탈리아 와인산지**

출처: https://www.independent.wine/

정답: 1.르네상스 시대 2.북동부 3.토스카나 4.와인 법률 5.디오니소스

## ● 이탈리아 와인

위에 링크된 영상을 시청하고 아래 질문에 답하시오.

1. 이탈리아는 세계 와인 생산량에서 어떤 위치를 차지하고 있나?
2. 19세기에 이탈리아 와인 산업에 큰 영향을 미친 사건은 무엇인가?
3. 이탈리아 와인의 품질 향상을 위해 1960년대에 도입된 법은 무엇인가?
4. 이탈리아의 지리적 특성이 와인 생산에 어떤 영향을 주었나?
5. 이탈리아 북부 지역의 기후 특성과 주로 재배되는 포도 품종은 무엇인가?
6. 중부 이탈리아의 기후 특성은 어떠하며, 어떤 지역들이 포함되나?
7. 남부 이탈리아 와인의 특징은 무엇이며, 어떤 스타일의 와인이 주로 생산되나?

출처: https://youtu.be/Ab0pQE-CV7Y?si=vnTMet4DWSyiN2Q8
https://tourscanner.com/

# 3. 스페인, 정열의 레드 와인 이야기

## 1) 스페인 와인 개요

**Q: 세계에서 가장 큰 와인 생산국 중 하나인 스페인 와인의 시작과 최근까지 현황과 변화는?**

**A:** - 기원전 1,000년 경 지중해를 거쳐 (①　　) 사람들이 현재의 스페인 남부 해안 지역에 도착하여 포도 재배와 와인 양조를 시작
- 그리스인들도 기원전 600년경에 스페인 동부 해안에 정착하면서 와인 문화를 전파
- 로마 시대 와인 재배 본격화
- 로마인들은 스페인의 와인을 유럽 전역에 수출
- 8세기 이슬람의 침공과 이베리아 반도 지배로 와인생산 쇠퇴
- 15세기 후반 기독교 세력이 이베리아 반도 재정복으로 와인생산 다시 활성화
- 16세기 스페인의 신세계 발견과 해상 교역이 활발
- 이 시기 스페인 와인은 아메리카 대륙으로 수출
- 특히 저장성 우수한 셰리(Sherry)와 같은 주정강화 와인 부상
- 19세기 후반 필록세라 영향으로 프랑스 양조 기술자 유입스
- 프랑스와 접한 피레네 산맥 아래 리오하(Rioja)와 페네데스(Penedès) 지역 와인이 발전
- 20세기 초반 스페인 내전과 경제 불황으로 와인 산업 침체기
- 1970년대 이후 스페인 와인 산업은 급격히 현대화됨
- 새로운 포도 품종과 양조 기술 도입
- 리오하, 리베라 델 두에로, 프리오라트 등 다양한 지역에서 고품질 와인 생산

**Q: 스페인을 대표하는 품종과 특징은?**

**A:** - 템프라니요(Tempranillo)는 대표적인 적포도 품종으로 'temprano'는 '이른'의 의미로 조생종, 붉은 과일 향과 부드러운 탄닌 특징
- 가르나차(Garnacha)는 스페인의 전통적인 적포도 품종으로 (②　　) 지역이 원산지, 더운 기후에서 잘 자라며 가문에 강한 품종으로 풍부한 과일 맛, 부드러운 탄닌, 중간 정도의 산도 특징
- 알바리뇨(Albariño): 스페인의 갈리시아(Galicia)지역 원산지인 청포도 품종, 병충해에 강하며 상큼하고 신선한 산미와 과일 향이 특징

- 모나스트렐(Monastrell): 프랑스 무르베드르(Mourvèdre)와 동일 품종으로 더운기후에 강하여 스페인의 남부 지역인 무르시아(Murcia)에서 많이 재배되는 적포도 품종으로 풍부한 바다감과 강한 타닌 높은 알코올 도수가 특징
- 베르데호(Verdejo): 루에다(Rueda) 지역이 원산지로 병충해에 강하며 무덥고 건조한 기후에 잘 적응하는 청포도 품종으로 신선한 산미와 중간 정도의 바디감이 특징



## 2) 리오하에서 리베라 델 두에로까지: 스페인 와인의 황금루트

**Q: 스페인을 대표하는 리오하(Rioja)산지의 탄생과 주요 포도 품종은?**

**A:** - 로마 시대부터 와인 양조가 시작
- 카톨릭 수도원에서 와인 양조 기술이 발전된 역사적인 지역
- 스페인 최초로 D.O.(Denominación de Origen)등급 지위를 획득
- 1991년 최고 등급인 D.O.Ca.(Denominación de Origen Calificada)로 승격된 생산지
- 프랑스와 접한 피레네산맥 남서쪽에 위치
- (③ ) 피해로 이주해온 프랑스 남부 양조 노동자들 영향
- 대륙성 기후와 지중해성 기후가 혼합된 환경
- 레드와인 주산지이며 약간의 로제와인과 화이트와인 생산
- 레드 와인 품종은 템플라닐요, 가르나, 마수엘로, 가르시아노 사용
- 화이트 와인 품종으로 비우, 말바시아, 가르나차 블랑카 사용
- 로제와인용 품종으로 가르나차와 템플라닐요 사용

**Q: 리베라 델 두에로(Ribera del Duero)의 지리적 특징과 주요 품종은?**

**A:** - 스페인 북부, 카스티야 이 레온(Castilla y León)주에 속한 와인 산지
- 고급 품질의 레드 와인 산지
- 평균 해발 700~800미터의 높은 고도 산지에 위치
- 대륙성 기후 영향으로 강한 일조량과 큰 일교차가 포도의 산도와 향미 영향
- 석회질, 점토질, 자갈 및 모래의 혼합 토양
- 배수성이 좋은 토양 지역에서 템플라닐요(Tempranillo)품종으로 만든 레드와인으로 세계적인 명성
- 주요 품종으로는 템플라닐요 품종 외에 까베르네 소비뇽, 메를로, 말벡 등으로 강렬하고 풍부한 향, 깊은 색깔, 구조감, 숙성 잠재력있는 와인 생산

**Q: 뻬네데스(Penedès)의 위치와 주생산 와인은?**

A: - 스페인 카탈루냐 지방에 위치한 와인 생산지, 바르셀로나 남서쪽에 위치
- 지중해와 가까워 기후는 지중해성 기후의 영향
- 다양한 해발고도 지형, 고도에 따라 기후가 다소 달라지며 다양한 스타일 와인 생산
- 스파클링 와인인 카바(Cava)로 유명

**Q: 뻬네데스(Penedès)지역의 대표적인 주력 스파클링 와인인 까바(Cava)의 역사와 주품종과 특징은?**

A: - 19세기 후반부터 생산
- 프랑스 샴페인 방식(Champenoise Method)으로 제조한 발포성 와인
- 주요 품종은 마카베오(Macabeo), 자렐로(Xarel·lo), 빠레야다(Parellada), 비우라(Viura), 샤르도네(Chardonnay), 피노 누와(Pinot Noir) 등 블렌딩
- 숙성 기간에 따른 까바 등급을 규정
- 기본급 까바는 출시 전 최소 9개월 동안 효모 찌꺼기(lees)와 함께 숙성
- 까바 레제르바(Cava Reserva)는 최소 15개월 동안 효모 찌꺼기와 함께 숙성하여 기본급 까바(Cava)보다 더 발전된 풍미와 풍부한 질감
- 까바 그란 레제르바(Cava Gran Reserva)는 최소 30개월 동안 효모 찌꺼기와 함께 숙성하여 토스트, 견과류, 건과일의 향 특징
- 최상위급인 까바 드 빠라헤 깔리피카도(Cava de Paraje Calificado)는 최소 36개월 동안 효모 찌꺼기와 함께 숙성하고 최상급의 포도밭과 뛰어난 기술로 생산

**Q: 프리오라트(Priorat)지역의 지형과 품종적 특징은?**

A: - 12세기 카르투시오 수도사들이 이 지역에 포도를 재배 시작
- 카탈루냐 지방의 타라고나(Tarragona)주에 위치
- 바르셀로나에서 남서쪽으로 약 150km 거리 위치
- 험준한 언덕과 산악 지형으로, 토양은 주로 점판암과 석영으로 구성
- 지중해성 기후를 가지고 있지만, 내륙에 위치해 극단적인 기온 차이
- 품질 등급 중 DOCa(Denominación de Origen Calificada) 등급 지역
- 포도원들은 주로 300~900m의 (④ )에서 경작 재배
- 기계화가 어렵운 재배지로 생산량은 적음
- 재배되는 주요 품종은 가르나차(Garnacha)와 카리녜나(Cariñena) 재배

- 그 외 카베르네 소비뇽, 메를로, 시라 재배
- 레드 와인 주생산지로 풍부한 과일 향과 미네랄 풍미, 높은 알코올 도수가 특징

**Q: 헤레스(Jerez)지역의 셰리와인의 역사와 양조 발전은?**

**A:** - 로마인들이 처음 포도를 재배 시작
- 태양이 풍부한 지방으로 식전주로 유명한 셰리(Sherry)와인이 유명
- 셰리라는 명칭은 생산지인 헤라스 델라 프론떼라(Jerez de la Frontera)의 헤레스(Jerez)의 영어식 발음에서 유래
- 복격적인 와인 산업의 시작점은 16세기 영국인들이 안달루시아 해안에 도착으로 시작
- 이 지역의 와인에 매료된 영국 상인들은 대량으로 수입하기 시작
- 독특한 아로마의 복잡성을 주는 방법이 솔레라 에이징의 개념의 탄생
- 다양한 빈티지의 와인을 층층이 쌓아 블렌딩한 독특한 셰리를 탄생
- 19세기에 헤레스 와인은 미국 시장의 수요 증가로 새로운 발전기
- 미국은 현재도 셰리 와인의 주요 시장

**Q: 지중해성 기후로, 따뜻하고 건조하며 일조량이 풍부한 헤레스에 사용되는 품종 그리고 주정 강화 와인 외에 다른 스타일 와인 무엇인가?**

**A:** - 주요 품종은 (⑤ )
- 페드로 히메네스(Pedro Ximénez)와 모스카텔(Moscatel)도 재배
- 전통적인 셰리는 발효 중이나 발효 후에 포도 증류주를 첨가하여 알코올 도수를 높이는 주정강화 과정으로 제조
- 최근에는 주정강화하지 않은 '네츄럴 셰리(Natural Sherry)' 또는 '비주정강화 셰리(Unfortified Sherry)'셰리 생산
- 네츄럴 셰리 중 스위트한 셰리는 페드로 히메네즈(Pedro Ximénez) 또는 모스카델(Moscatel) 품종을 건포도 상태로 전환 시켜 당분이 풍부한 포도즙 발효 진행 중 알코올을 첨가하여 스위트한 네츄럴 셰리 제조
- 네츄럴 셰리는 더 낮은 알코올 도수로 전통적인 셰리와는 다른 특성

스페인 와인산지

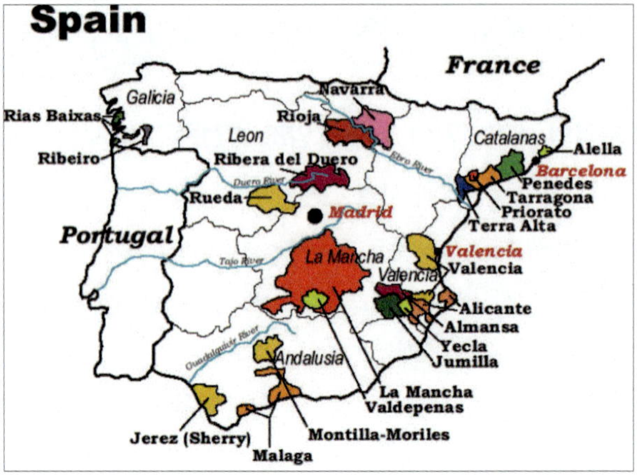


자료: https://devinus.com/

정답: 1.페니키아 2.아라곤 3.필록세라 4.경사가 심한 곳 5.팔로미노(Palomino)

## ● 스페인 리오하 와인

위에 링크된 영상을 시청하고 아래 제시된 질문에 답하시오.

1. 리오하 와인의 주요 특징은 무엇이며, 다른 와인과 비교했을 때 어떤 점이 특별한가?
2. 리오하 와인의 역사가 1800년대에 크게 변화하게 된 중요한 계기는 무엇인가?
3. 리오하 산지 내에서 가장 우수한 품질의 템프라니요가 생산되는 지역은 어디인가?
4. 리오하 와인의 숙성 등급인 크리안자, 레세르바, 그란데 레세르바의 차이점은 무엇인가?
5. 필록세라(Phylloxera) 위기가 리오하 와인의 발전에 어떻게 영향을 미쳤나?
6. 리오하 와인의 DOCa 등급이 스페인에서 특별한 이유는 무엇인가?

출처: https://youtu.be/8z2foPyGNBY?si=-PcJnJE8WFS_EJr7
https://www.dreamstime.com/

## 4. 독일, 리슬링의 천국

### 1) 독일 와인 개요

**Q: 독일 와인 재배 시작과 변화는?**

A: - 로마 제국 지배로 포도 재배와 와인 생산 시작
- 라인강과 (①　)을 따라 포도밭이 조성, 로마인들이 와인 문화를 전파
- 종교가 중심이었던 중세 시대에는 수도원과 교회가 와인 생산의 중심
- 베네딕토회와 시토회 수도사들은 고품질 와인 생산과 포도 재배 기술 발전에 기여
- 16~18세기에 독일 와인은 유럽 왕실과 귀족 사이에서 인기
- 19세기 라인강과 모젤강 지역의 리슬링 와인 명성으로 독일 와인은 국제 무대에서 인정 받기 시작
- 19세기 후반 필록세라로 포도밭 황폐화
- 두 차례의 세계대전으로 인해 독일 와인 산업에 큰 타격
- 1971년 독일 와인법이 제정되면서 와인 품질과 분류 체계 확립
- 오늘날 독일 와인은 리슬링 외에도 다양한 품종과 스타일 와인 생산국

독일 와인산지

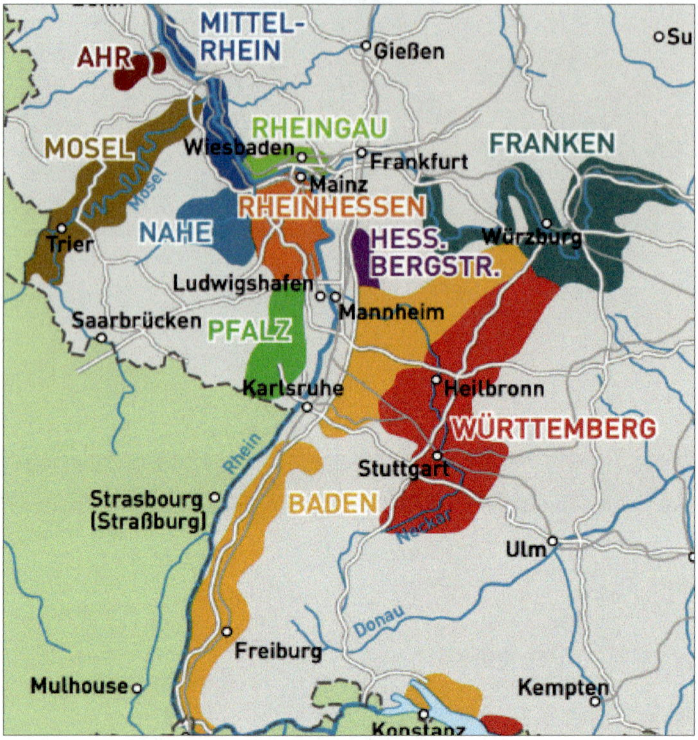


출처: https://www.jjbuckley.com/

## 2) 모젤에서 라인가우까지: 독일 와인의 와인 루트 탐험

**Q:** 독일 와인의 특징은?

**A:** - 주요 와인 산지가 기후적으로 온화한 (② ) 지역에 집중
- 일조량이 좋은 남향의 가파른 경사지에 포도밭 조성
- 독일은 총 약 10만 헥타르의 포도밭에서 화이트 와인 생산이 약 80%이상
- 독일은 리슬링 품종으로 만든 화이트 와인이 대표
- 차갑고 습한 기후로 인해 와인 산미가 높고 알코올 함량이 낮은 편
- 와인을 (③ )에 따라 등급 분류
- 대표적 디저트 와인인 아이스와인 생산

**Q: 세계적으로 유명한 리슬링 와인을 생산하는 모젤 자아르 루베르(Mosel–Saar–Ruwer) 지역의 특징은?**

A: - 독일의 서부 지역에 위치
- 주요 강인 모젤(Mosel) 강, 자르(Saar) 강, 루버(Ruwer) 강을 따라 포도밭이 형성
- 서늘한 기후와 비옥한 슬레이트 토양 특징 테루와에서 독특한 산도와 (④ )를 부여
- 주요 포도 품종은 섬세한 향과 뛰어난 산도를 지닌 리슬링과 가볍고 신선한 화이트 와인을 만드는 엘블링(Elbling) 재배
- 와인 스타일은 드라이부터 스위트한 리슬링까지 다양한 형태의 와인 생산
- 모젤(Mosel)지역은 모젤 강을 따라 형성된 포도밭에서 유명한 리슬링 와인을 생산
- 자르(Saar) 포도밭은 서늘한 기후와 높은 고도로 인해 독특한 산도와 아로마를 지닌 리슬링 와인 생산
- 루베르(Ruwer)지역은 포도밭 규모는 작은 편, 고품질의 리슬링 와인 생산

Mosel–Saar–Ruwer

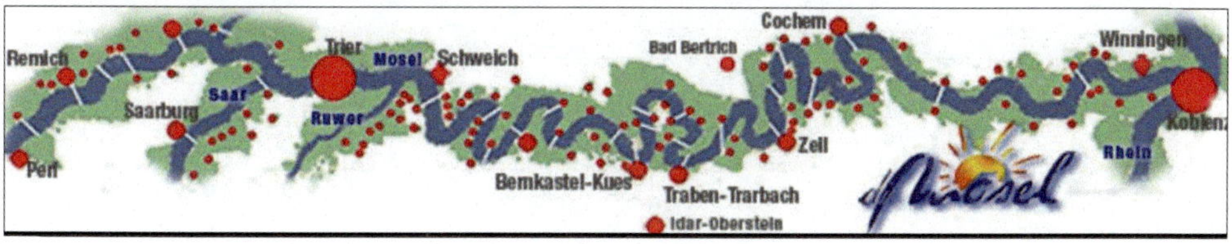

출처 : https://www.die-mosel.de/

**Q: 고품질의 리슬링(Riesling)과 스페트부르군더(Spätburgunder, Pinot Noir) 와인 산지인 라인가우(Rheingau)**

A: - 라인강을 따라 위치, 주로 비스바덴(Wiesbaden)과 루데스하임(Rüdesheim) 사이에 위치
- 라인강이 남쪽으로 흐르는 이 독특한 지형 덕분에 풍부한 햇빛 수혜
- 온화한 기후와 슬레이트 및 점토 석회암 토양
- 라인강이 주변 기후를 조절해 주어 포도밭에 온화한 기후를 제공
- 주요 포도 품종은 리슬링 (Riesling)으로 드라이한 와인부터 스위트한 디저트 와인까지 다양한 스타일의 와인을 생산

- 적포도 품종으로 (⑤ )는 독일에서 가장 중요한 레드 와인 품종
- 풍부한 맛 그리고 체리와 베리 류의 레드계열 과일 향이 특징
- 유명 라인가우 와인 생산지는 높은 품질의 리슬링 와인을 생산하는 에르바흐 (Erbach)
- 리슬링 품종의 기원지 중 하나로 알려져 있는 요하니스베르그(Johannisberg)
- 다양한 스타일의 리슬링과 스페트부르군더 와인을 생산하는 루데스하임 (Rüdesheim)

Rheingau

출처 : http://www.vinfakta.com/

**Q: 라이헤센(Rheinhessen) 지역의 지리적 특징과 독일에서 가장 오래된 포도밭은?**

**A:** - 독일 최대의 와인 생산 지역
- 라인강 좌안에 위치
- 라인강의 영향으로 미세 기후 형성
- 사질 점토, 석회암, 슬레이트 등의 토양이 와인에 풍미
- 대표적 청포도 품종은 리슬링 (Riesling)
- 그 외 뮐러-투르가우(Müller-Thurgau), 실바너 (Silvaner) 재배
- 레드 와인을 생산하는 슈페트부르군더(Spätburgunder)품종 재배
- 가장 유명한 와인 생산지는 니어슈타인(Nierstein)으로 니어슈타이너 글록 (Niersteiner Glöck)이라는 포도밭은 독일에서 가장 오래된 포도밭 중 하나
- 그 외 다양한 스타일의 리슬링과 실바너 와인으로 유명한 지역인 오펜하임(Oppenheim)
- 뮐러-투르가우와 실바너 생산으로 유명한 보름스(Worms)

Rheinhessen

출처: http://www.germany-wine-jiten.com/

Niersteiner Glöck

https://www.rheinhessen.de/

정답: 1.모젤강 2.남서부 3.당도 4.미네랄리티 5.스페트부르군더

## ● 독일 와인

위에 링크된 영상을 잘 시청하고 아래 제시된 질문에 답하시오.

1. 독일의 기후가 리슬링 와인의 품질에 어떤 영향을 주었나?
2. 독일 와인의 역사에서 기독교 교회, 특히 수도원들이 중요한 역할을 했던 이유는 무엇인가?
3. 독일의 포도밭 입지가 와인의 품질에 중요한 이유는?
4. 최근 독일에서 레드 와인의 인기가 높아진 이유는 무엇이며, 기후 변화가 어떤 영향을 주었나?
5. 독일 와인 양조에서 포도즙에 당분을 추가하는 방법은 어떤 경우에 사용되며, 그 이유는 무엇인가?

출처: https://youtu.be/PEKmd0cPNnM?si=13_EBJQLz0DRmUUQ
https://www.marieclaire.fr/

# 8

# 신세계 와인 여행

**Q: 신세계 와인(New World Wine)의 의미와 특징은?**

A: - 전통적인 와인산지인 유럽 외 지역에서 생산되는 와인 지칭
- 주요 생산국가는 미국, 호주, 뉴질랜드, 남아프리카, 칠레, 아르헨티나 등
- 진하고 농축된 과일 풍미
- 따뜻한 기후로 높은 알코올 도수
- 현대적인 최신 양조 기술을 적극 활용
- 전통 보다는 혁신과 새로운 시도 추구
- 높은 단일 품종 와인 생산 비중
- 가격 경쟁력

## 1. 미국, 신세계 와인의 스타

### 1) 미국 와인 개요

**Q: 미국 와인의 일반적인 개요는?**

A: - 주요 생산지역은 캘리포니아, 워싱턴주, 오리건주, 뉴욕주 등
- 세계 4위 와인 생산국으로 캘리포니아가 전체 생산량의 약 90% 차지
- 주요 품종은 카베르네 소비뇽, 메를로, 진판델, 피노 누아, 샤르도네, 소비뇽 블랑, 리슬링 등 프랑스 유입 품종이 다수
- 생산되는 와인의 특징은 과일 풍미가 강한 잼 같은 느낌에 고 알코올 도수
- 혁신적인 양조 기술 사용과 단일 품종 와인 생산 많음
- 1983년 유럽의 원산지 표기법 모델로 AVA(American Viticultural Areas) 시스템 제정
- 생산 지역 와인 최소 85% 이상 사용이며 규정은 유럽 대비 자유로운 편
- 생산 와인 스타일은 대용량 테이블 와인부터 컬트 와인까지 생산

**Q: 미국 와인 초창기 시작점의 역사는?**

A: - 신대륙 발견 전 북미 원주민들은 자생하는 야생 포도로 발효 음료 제조
- 16세기 스페인 정착민들이 포도 재배 시도
- 17세기 영국과 네덜란드 식민지 개척자들이 동부 해안에서 와인 생산 시도

- 17세기 미국 와인의 주요 용도는 (①　　) 목적 와인 생산
- 18세기 스페인 프란체스코회 캘리포니아에 미션 포도 도입
- 1770년대 토마스 제퍼슨 버지니아에서 유럽 품종 재배 시도

미국 와인생산지역

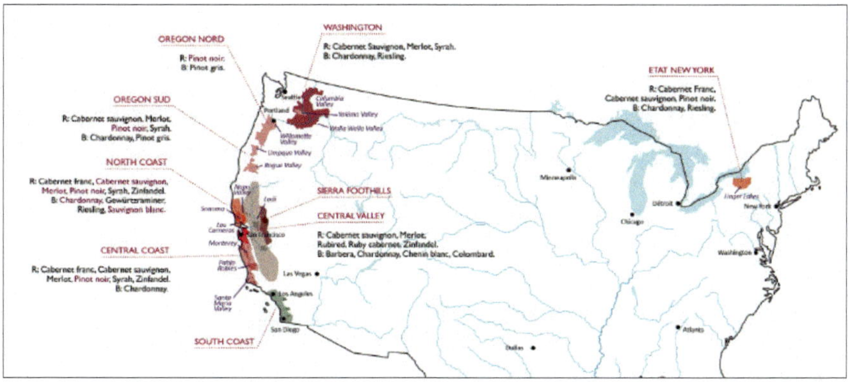


출처: https://vin-style-degustation.com/

## 2) 나파밸리에서 소노마까지: 캘리포니아 와인의 황금 루트

**Q: 캘리포니아(California)와인의 역사와 와인 산업의 변화 과정은?**

**A:** - 18세기 스페인 선교사들이 포도 재배 시작
- 1830년대 나파밸리에 첫 상업용 와이너리 설립
- 19세기 골드러시로 유럽 이민자 인구 급증
- 1860년대 필록세라 사태와 상대적 피해 적은 캘리포니아 와인 관심도 상승
- 1920~1933 금주법 시행으로 와인산업의 암흑기
- 1933~1960년대 금주법 폐지 후 와인산업 부흥기
- 1960~1970년대 품질관리와 연구 전통으로 와인 산업 발전기
- 로버트 몬다비(Robert Mondavi)등 혁신적 와인메이커 등장과 기여
- 1976년 (②　　) 시음회 개최와 미국 캘리포니아 와인의 국제적 명성 상승
- 1980년대~ 현재 와인 생산 기술 현대화, 지속 가능한 와인 생산 증가,
- 나파 밸리, 소노마 등 유명 와인 산지 발전

**Q: 미국 컬트 와인(Cult Wine)의 의미와 특징은?**

**A:** - 소량 생산과 희소성으로 팬층을 가진 고가의 와인 지칭
- 주로 (③ ) 위치 와이너리
- 와인 구매가 용이하지 않음
- 희소성과 품질로 높은 가격대 형성
- 최신 양조 기술 사용
- 유명 와인 평론가들로부터 고득점 평점
- 와인 수집가와 애호가들의 관심 과대
- 대부분 카베르네 소비뇽을 주 품종 사용
- 과일 풍미가 강하고 농축된 맛과 높은 알코올 도수

**Q: 나파 밸리(Napa Valley)의 테루와적 특성과 주요 재배 품종은?**

**A:** - 캘리포니아 북부에 위치
- 16개의 공식 와인 생산 지역(AVA) 보유
- 토양은 화산암, 해저 퇴적물, 충적토 등 다양한 토양 구성
- 지중해성 기후, 더운 낮과 서늘한 밤의 큰 일교차
- 주 재배 품종으로 나파 밸리의 대표 품종은 카베르네 소비뇽
- 그 외 샤르도네, 메를로, 소비뇽 블랑, 피노 누아, 진판델, 카베르네 프랑
- 프리미엄 와인 생산지로 풍부하고 농축된 스타일의 카베르네 소비뇽으로 세계적 명성
- 혁신적 기술과 전통적 방식의 조화
- 소규모, 고품질 부티크 와이너리 보유
- 캐리포니아 와인 중 가장 높은 브랜드 가치

**Q: 소노마 카운티(Sonoma County)의 테루아적 특징과 주요 생산 품종은?**

**A:** - 캘리포니아 북부, 샌프란시스코 북쪽에 위치
- 19개의 공식 와인 생산 지역(AVA) 보유
- 지중해성 기후에 태평양에서 유입되는 안개와 서늘한 바람
- 낮과 밤의 큰 일교차는 포도의 균형 성숙에 도움
- 해안가의 시원한 기후부터 내륙의 따뜻한 기후까지 다양한 기후 조건
- 60개 이상의 와인 품종과 400개 이상의 와이너리

- 주요 재배 품종은 더운 기후에서도 잘 자라는 카베르네 소비뇽, 진판델
- 서늘한 기후의 리슬링, 피노누와, 샤르도네에 이르기까지 생산
- 가장 많이 재배되는 품종은 샤르도네로 러시안 리버 밸리 지역 유명
- 우아하고 과일 풍미가 강한 스타일 피노 누아는 주로 소노마 코스트, 러시안 리버 밸리, 카네로스 지역에서 생산
- 풍부하고 구조감 있는 카베르네 소비뇽, 과실 풍미가 강하고 스파이시한 특징 진판델

**Q: 센트럴 코스트(Central Coast)의 기후적 특징과 주요 재배 품종은?**

**A:** - 산타 바바라 카운티부터 남쪽 샌프란시스코만까지 경계
- 해안가의 시원한 바람과 내륙의 따뜻한 기후가 혼재
- 샤르도네(Chardonnay)가 생산의 절반 이상 재배
- 주요 재배 품종은 샤르도네
- 그 외 피노 누와(Pinot Noir), 시라(Syrah), 진판델(Zinfandel) 등 재배

**Q: 러더포드(Rutherford)지역의 특징은?**

**A:** - 나파 밸리에 위치한 와인 산지
- 19세기 포도원이 조성된 나파 밸리에서 가장 역사 깊은 와인 생산지
- 더스트(Dust)라고 불리는 (④ )와 자갈이 섞인 독특한 토양
- 풍부한 탄닌과 미네랄 풍미에 진한 과일 향의 카베르네 소비뇽(Cabernet Sauvignon) 재배

**Q: 앤더슨 밸리(Anderson Valley)산지의 기후와 특징은?**

**A:** - 멘도시노 카운티(Mendocino County)에 위치한 지역
- 해안에 가까워 서늘한 기후에 안개가 자주 끼며 일교차가 큰 테루와
- 1980년대부터 고품질 와인 생산지로 주목
- 시원한 해양성 기후 덕분에 피노 누아(Pinot Noir), 샤르도네(Chardonnay), 게뷔르츠트라미너(Gewürztraminer), 리슬링(Riesling) 등 재배
- 스파클링 와인 생산으로도 유명

**Q: 러시안 리버 밸리(Russian River Valley)의 기후와 특징은?**

**A:** - 소노마 카운티(Sonoma County)의 중심부에 위치
- 해안의 영향을 받아 서늘한 기후와 태평양의 아침 안개와 시원한 밤이 특징
- 서늘한 기후 덕분에 고품질의 샤르도네(Chardonnay)와 피노 누와(Pinot Noir)를 생산
- 해안에서 불과 13km 떨어진 해안 산맥의 최남단 언덕 사이에 위치
- 소노마 카운티에서 가장 시원하여 서늘한 기후
- 피노 누아와 샤르도네 품종 재배에 중점

**Q: 산타 바바라 카운티(Santa Barbara County) 와인 산지의 특징은?**

**A:** - 캘리포니아 중부 해안지역, 로스앤젤레스 북서쪽에 위치
- 해양성 기후 영향으로 서늘한 바람과 풍부한 태양이 조화를 이루는 와인 산지
- 영화 "사이드웨이즈"의 배경지
- 해안의 영향을 받는 서늘한 기후와 동서 방향으로 뻗은 산맥이 독특한 미세기후 형성
-1960년대부터 상업적 와인 생산 시작
- 1980년대 이후 급속히 성장한 지역
- 주 재배 품종은 우아하고 복잡한 맛의 피노 누아(Pinot Noir)
- 신선하고 미네랄리티가 있는 샤르도네(Chardonnay)
- 풍부하고 스파이시한 시라(Syrah) 외에 소비뇽 블랑(Sauvignon Blanc)등 생산

**캘리포니아 와인 산지**

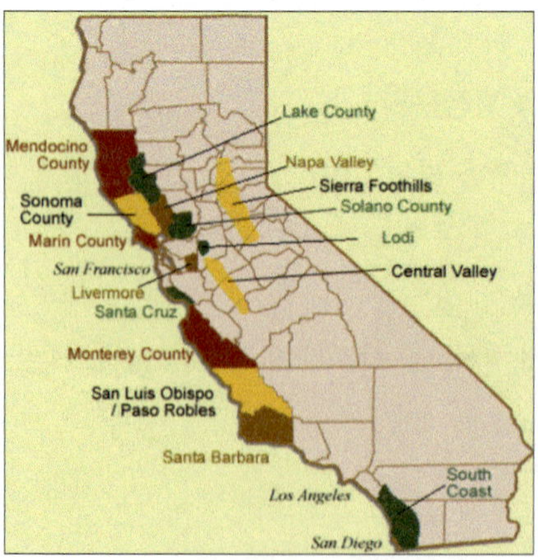


출처 : https://www.blogyourwine.com/

**로버트 몬다비 와이너리**

출처 : https://www.sthelena.com/

**Q: 워싱턴 주(Washington State) 와인 개요는?**

**A:** - 19세기 최초의 포도나무가 식재 본격적인 발전은 1960년대부터
- 1960년대부터 최초의 상업용 와인 회사 설립
- 1990년대 프렌치 패러독스 현상으로 호황기
- 와인 생산 지역은 주로 동쪽에 위치
- 건조한 대륙성 기후의 반건조 기후 지역
- 화산암 기반의 토양에 관개 시스템을 이용하여를 포도 재배
- 필록세라 피해가 거의 없던 지역
- 워싱턴 주의 대표적인 레드와인은 콜롬비아 밸리의 카베르네 소비뇽
- 그 외 메를로, 시라, 리슬링, 쇼비뇽 블랑 등 재배

**워싱턴 주 AVA 와인 산지**

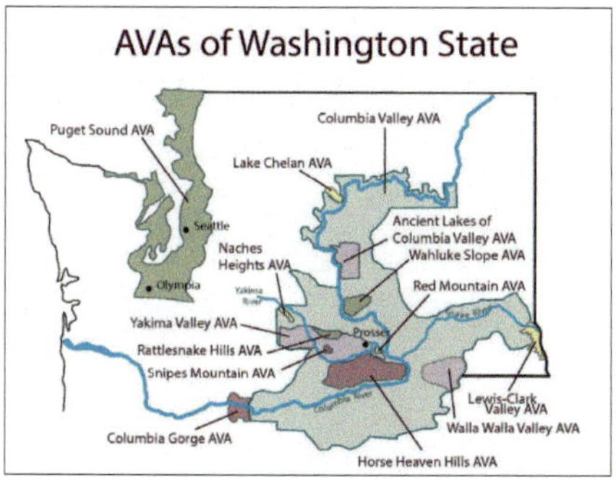


출처: https://societyofwineeducators.org/

**워싱턴 주 포도 밭**

출처: https://www.sommeliervirtuel.com/

**Q: 오리건 주(Oregon State)의 와인 시작과 주요 특징은?**

**A:** - 1840년대 개척 시대 와인 양조 시작
- 1960년대부터 상업적 생산이 시작
- 와인생산량은 캘리포니아, 워싱턴, 뉴욕에 이어 미국 내 4위의 생산지
- 워싱턴 주 남부에 위치
- 피노 누아 품종 재배에 이상적인 서늘한 기후
- 윌라멧 밸리(Willamette Valley)는 서늘하고 습한 기후
- 균형 잡힌 산미와 미네랄이 풍부한 피노 누와 생산
- 주요 품종 피노 누아 외에 피노 그리, 샤르도네, 리슬링 등 재배

오리건 주 AVA 와인 산지

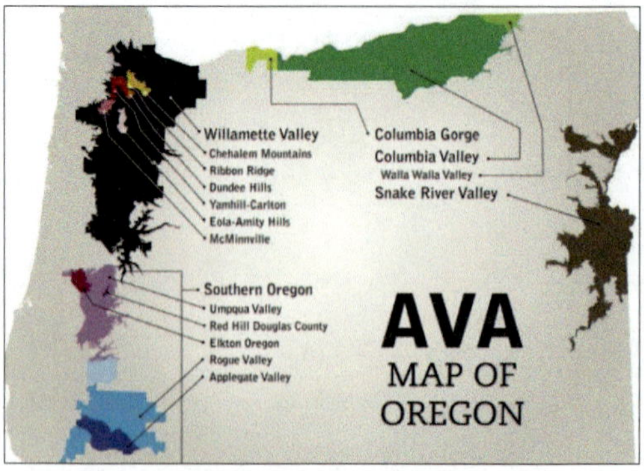


출처 : https://aries-wineny.com/

Domaine Drouhin Oregon

출처 : https://traveloregon.com/

**Q: 뉴욕 주(New York State)의 와인 재배 역사와 기후적 특징 그리고 주요 생산 품종은?**

**A:** - 캐나다 국경에서 펜실베이니아까지 범위
- 남동쪽으로 롱 아일랜드 포함하는 지역
- 캘리포니아와 워싱턴 주에 이어 가장 큰 와인 생산지
- 17세기에 허드슨 밸리 지역에 네덜란드인과 (⑤ )가 와인 재배되면서 시작
- 주요 와인 양조 지역은 핑거 레이크스(Finger Lakes)와 롱 아일랜드(Long Island) 등
- 다양한 기후와 지형으로 인해 여러 품종의 포도를 재배
- 주요 화이트 포도 품종은 리슬링, 샤르도네, 게뷔르츠트라미너
- 주요 레드 포도 품종은 카베르네 프랑, 메를로, 피노 누아
- 핑거 레이크스(Finger Lakes) 지역은 리슬링(Riesling)으로 유명
- 롱 아일랜드(Long Island) 지역은 메를로(Merlot)와 까베르네 프랑(Cabernet Franc)이 대표 재배 품종
- 차갑고 서늘한 기후로 인해 산도가 높고 알코올 도수가 낮은 와인 생산
- 아이스 와인 생산지

뉴욕 주 AVA 와인 산지

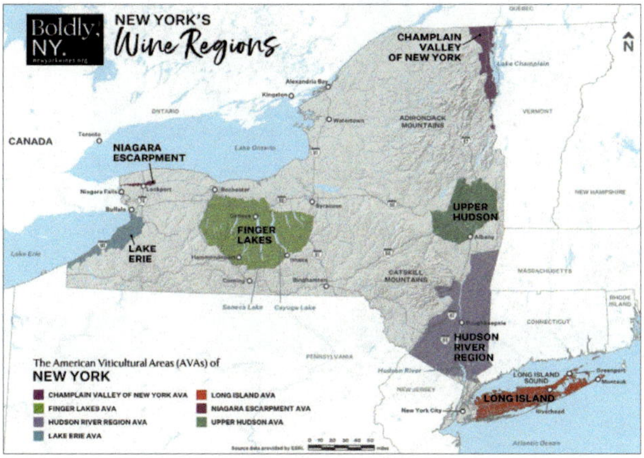


출처 : https://les5duvin.wordpress.com/

정답: 1.**종교적인** 2.**파리의 심판**(Judgment of Paris) 3.**나파 밸리** 4.**화산재** 5.**위그노**

## ● 미국와인

위에 링크된 영상을 시청하고 아래 제시된 질문에 답하시오.

1. 미국의 와인 생산량 기준 상위 3개 주는 어디인가?
2. 캘리포니아 주는 미국 와인 생산량의 몇 퍼센트를 차지하나?
3. "파리의 심판"이란 무엇이며, 미국 와인 산업에 어떤 영향을 주었나?
4. 캘리포니아 와인의 일반적인 특징은 무엇인가?
5. 워싱턴 주 와인의 주요 특징과 대표 품종은 무엇인가?
6. 오리건 주 와인 산업의 특징과 주로 재배되는 포도 품종은 무엇인가?
7. 캘리포니아, 워싱턴, 오리건 와인의 주요 차이점은 무엇인가?

출처: https://youtu.be/BMxyh0KtrHk?si=UFC0ztyYX_PxiW77
https://avis-vin.lefigaro.fr/

## ● 나파밸리

위에 링크된 영상을 잘 시청하고 아래의 질문에 답하시오.

1. 나파밸리의 기후가 고품질 와인을 생산하기에 이상적인 이유는 무엇인가?
2. 나파밸리가 프랑스나 이탈리아와 같은 전통적인 와인 산지와 경쟁할 수 있었던 비결은 무엇인가?
3. 1976년 "파리의 심판"이 나파밸리 와인에게 어떤 의미를 가지나?
4. "컬트 와인"이란 무엇이며, 나파밸리에서 어떻게 시작되었나?

출처: https://youtu.be/iBmn2IwKTLY?si=uIDBpNaFrcnIO5t_
https://allusatravel.com/

# 2. 칠레, 안데스 산맥의 선물

## 1) 칠레 와인 개요

**Q: 칠레 와인의 태동기와 새로운 르네상스 시작기까지의 흐름은?**

**A:** - 16세기 스페인 정복자들이 포도나무를 들여와 포도 재배
- 주로 성찬 미사용 와인 생산
- 17~18세기 스페인 식민지 시대 와인 생산량 증가
- 그 후 스페인 본국의 규제로 발전 제한
- 19세기 스페인으로부터 독립 이후 와인 산업 발전 시작
- 1800년대 카베르네 소비뇽, 메를로 등 프랑스 포도 품종 도입
- 필록세라 피해로부터 이주한 유럽인들로 부터 와인 양조 기술 유입
- 20세기 초·중반에 대규모 와이너리 설립과 국내 소비 중심의 와인 생산
- 1938년 정부 규제와 높은 세금으로 와인 산업 침체 침체기
- 사회주의 정권 출현으로 자본주의 성격의 와인 산업 쇠퇴기
- 1980년대 민주화와 경제 개방으로 와인 산업 부흥기 도래
- 해외 투자 유치 및 새로운 기술 도입되며 칠레 와인의 르네상스 시작

**Q: 80년대 이후 칠레 와인 산업의 주요한 변화는?**

**A:** - 내수 시장이 적은 국가로 수출 지향적 와인 생산 정책
- 품질 향상에 주력하여 가격 대비 품질 와인으로 국제 시장에서 인정
- 1994년 메를로로 오인되어 재배된 (①　) 품종 재발견
- 이후 칠레의 대표 품종으로 부상
- 2000년대에 칠레 와인은 지속 가능성 및 환경 친화적 양조 방법에 중점
- 지속적 새로운 와인 산지 개발과 고품질 프리미엄 와인 생산 증가
- 현재 해외 와인 시장에서 중요한 위치 차지

## 2) 센트럴 밸리부터 아꽁까꾸아 밸리까지: 와인으로 떠나는 안데스 루트

**Q: 센트럴 밸리(Central Valley)의 지리적 범위는?**

**A:** - 수도 산티아고 근처에 위치

- 마이포(Maipo), 쿠리코(Curicó), 라펠(Rapel), 마울레 밸리(Maule Valley)를 포함하는 지역
- 풍부한 (② )과 큰 일교차를 가진 지중해성 기후

**Q: 마이포 밸리(Maipo Valley)의 지역적 특징은?**

**A:** - 칠레 중부에 위치한 와인 산지
- 안데스 산맥의 영향으로 큰 일교차
- 토양은 자갈이 많은 충적토
- 민트와 허브 느낌이 나는 강하고 진한 카베르네 소비뇽이 주산지
- 메를로(Merlot), 카르메네르(Carmenère) 등도 재배

**Q: 라펠 밸리(Rapel Valley)의 지역적 특성과 주요 포도 품종은?**

**A:** - 칠레 중부에 위치하며, 산티아고 남쪽 지역 와인산지
- 콜차구아 밸리(Colchagua Valley)와 카차포알 밸리(Cachapoal Valley) 두 개의 하위 지역으로 구성
- 토양은 충적토, 점토, 화강암, 모래 등 분포
- 남쪽으로부터 차가운 바람이 불어와 낮에도 서늘한 지역
- 카르메네르 품종으로 풍부한 과실향과 바디감 있는 레드 와인 생산
- 샤르도네, 소비뇽블랑 등의 화이트 와인과 메를로, 피노누아 품종도 생산

**Q: 쿠리코 밸리(Curicó Valley)의 지역적 특징은?**

**A:** - 중부의 와인산지
- 1800년대 중반 첫 포도나무 식재
- 1979년 스페인 와인의 전설인 미겔 토레스(Miguel Torres)가 선택한 와인 산지
- 지중해성 기후에 안개와 심한 일교차로 포도의 산도가 좋은 지역
- 토양은 화산암, 충적토, 점토질 분포
- 카베르네 소비뇽, 소비뇽 블랑 그리고 샤르도네로 만든 와인 유명
- 과실향이 풍부하고 발란스가 좋은 와인 생산

**Q: 마울레 밸리(Maule Valley)의 지역적 특징과 품종은?**

**A:** - 칠레 중부에서 가장 오래된 와인 산지

- 17세기부터 스페인들이 포도를 재배
- 습한 지중해성 기후로 토양은 주로 화산토 그리고 점토질, 충적토 구성
- 현지 포도 품종인 (③ )는 여전히 마울레 계곡에서 많이 재배
- 카르메네르(Carménère), 카베르네 소비뇽(Cabernet Sauvignon), 메를로(Merlot), 샤르도네(Chardonnay)와 같은 국제적으로 인지도 있는 포도 품종 재배도 증가
- 오래된 포도나무에서 재배된 카리냥(Carignan)품종 와인도 유명

Central Valley

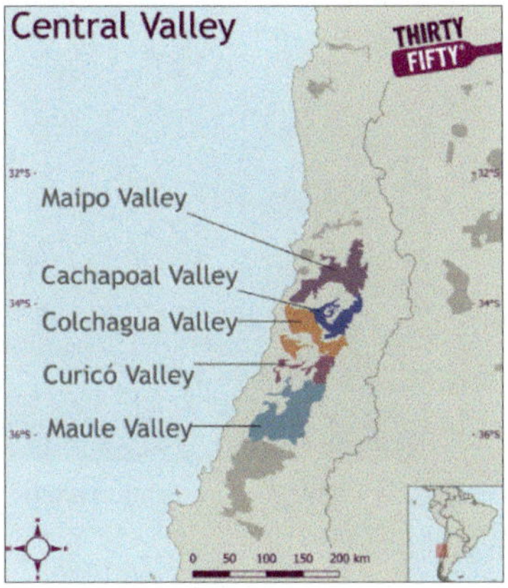


출처: https://www.thirtyfifty.co.uk/

Maipo Valley

출처: https://artevino.be/

**Q: 카사블랑카 밸리(Casablanca Valley)의 테루와 특성은?**

**A:** - 칠레의 수도 산티아고에서 북서쪽으로 100km 떨어진 와인 재배 지역

- 해양성 영향을 받는 (④ )로 아침 안개와 해풍이 특징
- 1980년대 칠레 와인 산업이 활성화되던 시기 첫 번째 포도밭 시작
- 태평양과 아주 근접하여 남극에서 칠레 서부 해안을 따라 흐르는 훔볼트 해류(Humboldt Current)의 차가운 냉각 효과에 큰 영향을 받는 지역
- 모래 점토 토양은 배수가 자유롭고 포도 재배에 적합

**Q: 카사블랑카 밸리의 주요 재배 품종은?**

A: - 서늘한 기후로 화이트 와인이 유명

- 대표 포도 품종인 소비뇽 블랑(Sauvignon Blanc)은 신선하고 상쾌한 맛, 열대 과일과 감귤류의 향이 특징
- 다양한 고품질의 샤르도네(Chardonnay)와인도 생산
- 적포도 품종으로는 피노 누와(Pinot Noir), 메를로(Merlot), 시라(Syrah) 등이 재배

Casablanca Valley

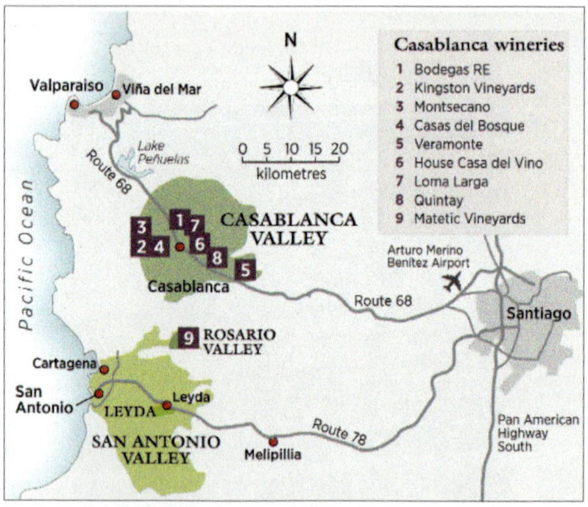


출처 : https://www.decanter.com/

출처 : https://www.kimkim.com/

**Q: 아꽁까꾸아 밸리(Aconcagua Valley)의 기후적 특성은?**

A: - 수도 산티아고에서 북쪽에 위치

- 해발 6,956m로 아메리카 대륙에서 가장 높은 (⑤ ) 산에서 산지명 유래
- 지중해성 기후에 안데스 산맥에서 불어오는 차가운 바람과 태평양의 영향으로 큰 일교차
- 건조한 기후로 물 부족은 안데스 산맥에서 미네랄이 풍부한 물을 끌어내려 포도밭 관개에 사용

**Q: 아꽁까꾸아 밸리의 토양적 특성과 주요 포도품종은?**

A: - 토양은 동쪽의 점토 모래와 서쪽의 점토 화강암 토양

- 토양에 주로 암석이 많아 뿌리 시스템에 대한 경쟁을 제공

- 주요한 적포도 품종은 카베르네 소비뇽, 메를로, 카베르네 프랑, 시라 등
- 풍부한 과실 향과 농축된 맛, 복합적인 풍미를 가진 레드 와인 유명
- 해안 지역에서는 샤르도, 소비뇽 블랑, 피노 누아 등 재배

Aconcagua Valley

출처: https://www.kandooadventures.com/

출처: https://www.gochile.cl/

칠레 와인생산지역

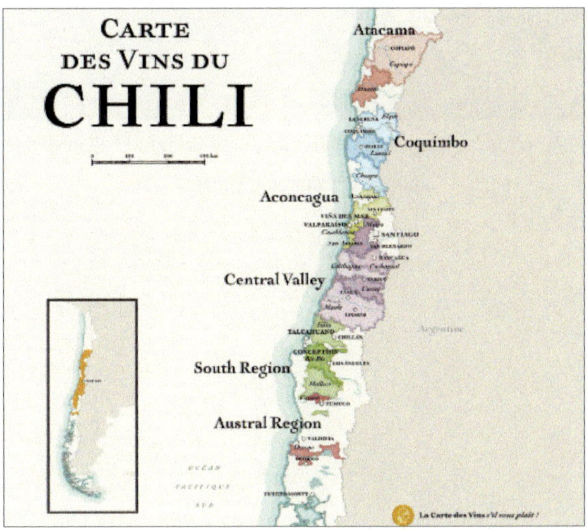


출처: https://blog.lacartedesvins-svp.com/

**정답: 1.카르메네르 2.일조량 3.파이스(Pais) 4.서늘한 기후 5.아꽁까꾸아**

## ● 칠레 와인

위에 링크된 영상을 잘 시청하고 아래의 질문에 답하시오.

1. 칠레의 지리적 특성이 와인 생산에 어떤 영향을 미치나?
2. 칠레의 주요 화이트 와인 산지는?
3. 칠레의 레드 와인 산지 중 프리미엄 산지로 알려진 곳은 어디이며, 주요 레드 와인 포도 품종은 무엇인?
4. 칠레에서 유기농 와인 생산이 용이한 이유는 무엇인가?

출처: https://youtu.be/w60OKlSfJqU?si=0JH-jmFLPGaMRpt2

https://theculturetrip.com/

## 3. 아르헨티나, 탱고와 와인의 나라

### 1) 아르헨티나 와인 개요

**Q: 초창기 아르헨티나 와인역사의 시작과 와인 양조에 촉매 역할을 한 것은 누구인가?**

**A:** - 스페인 식민지 개척자들이 라 플라따(La Plata) 강 유역에 스페인에서 들여온 포도나무의 처음 재배
- 1556년 칠레에서 전래된 화이트 품종인 끄리오야치까(CriollaChica) 품종의 재배가 아르헨티나 와인 산업의 시작
- 1816년 아르헨티나 독립 후 유럽의 이민자들 대거 유입
- 1860년대 말 유럽의 필록세라 피해로 인해 유입된 이민자들은 아르헨티나 와인 양조에 촉매 역할

**Q: 오늘날 아르헨티나를 대표하는 말벡 품종의 도입과 최대 산지인 멘도사의 발전 기틀이 된 이벤트는?**

**A:** - 19세기에 프랑스 농업 경제학자 미쉘 푸조(Michel Pougeot)는 까오(Cahors)지역에서 재배되던 말벡(Malbec)품종 도입
- 멘도사(Mendoza)에 1882년 수도 부에노스아이레스와의 철도 개통으로 와인 유통이 원활해지고, 이탈리아, 스페인 와인 이민자 유입

**Q: 20세기 초 아르헨티나 와인산업의 상황은?**

**A:** - 20세기 초반, 아르헨티나는 와인 생산량에서 세계 상위권 진입
- 멘도사(Mendoza), 산 후안(San Juan), 라 리오하(La Rioja) 등 주요 와인 생산지 형성
- 당시 대부분의 와인은 (① )를 위해 생산

**Q: 아르헨티나 와인산업의 쇠락과 새로운 발전 계기는?**

**A:** - 1930년대 세계 경제 공황은 수출감소와 정치적 불안정 그리고 연이은 군부 독제로 와인 산업의 쇠락
- 1990년대에 이르러 정치·경제의 안정은 와인산업에 대한 왕성한 투자 유치
- 아르헨티나 와인산업은 질적이며 역동적 진전

**Q: 아르헨티나 와인산지의 자연적 환경과 주요 재배 품종은?**

**A:** - 준 사막성기후와 풍부한 일조량이 강점
- 건조한 기후는 병해충 위험이 적어, 친환경 재배 가능
- (② )를 이용한 물관리 시스템
- 아르헨티나의 주요 포도밭은 안데스 산맥의 고산지대 위치
- 높은 고도는 포도의 폴리페놀 성분 증가
- 아르헨티나의 포도밭에는 70%의 적포도 품종과 30%의 백포도 품종 식재
- 샤르도네, 메를로, 말벡 등 프랑스 포도 품종 대량 재배

**안데스 산맥의 녹은 물에 의한 자연 관개**

출처: https://blog.vineshop24.de/

**아르헨티나 북서부의 소금사막**

출처: https://www.terra-altiplano.com/

## 2) 멘도사에서 파타고니아까지: 와인으로 만나는 아르헨티나의 풍경

**Q: 아르헨티나 절대적 대표 와인 산지인 멘도사(Mendoza)의 특징과 주요 품종은?**

**A:** - 안데스 산맥 동쪽에 위치한 아르헨티나 대표 와인 산지
- 연평균 강수량은 200mm로 준 사막지역
- 건조한 기후와 풍부한 일조량은 포도 재배에 최적의 환경을 제공
- 와인 산지는 (③ )에 분포
- 말벡(Malbec)품종의 중심지로 국제적으로도 명성
- 까베르네 소비뇽, 시라, 메를로, 템프라니요 같은 레드 와인 품종
- 샤르도네, 토론테스 같은 화이트 와인 품종 재배

Mendoza

http://www.terroirsdailleurs.com/

Grappes de malbec

https://www.guidesulysse.com/

**Q: 아르헨티나 제2의 와인 산지인 산 후안(San Juan)의 특징과 품종은?**

**A:** - 멘도사(Mendoza) 지역 다음으로 큰 와인 생산 지역
- 아르헨티나 총 재배 면적의 약 21%를 차지
- 안데스(Andes)산맥과 쿠요(Cuyo)사막 사이에 위치
- 건조한 날씨와 풍부한 태양의 혜택으로 포도 재배에 이상적
- 비옥한 충적토에서 암석이 많은 토양, 점토질이 섞인 모래 토양
- 시라(Syrah), 말벡(Malbec), 보나르다(Bonarda)와 같은 다양한 포도 품종을 재배
- 구조감 있고 우아한 와인을 생산
- 테이블 와인 생산지

**Q: 역사적으로 가치가 있는 라 리오하(La Rioja)지역의 특징과 재배 품종은?**

**A:** - 아르헨티나 북서부에 위치하며 아르헨티나에서 가장 오래된 와인 생산지 중 하나
- 약 8,000헥타르 면적으로 아르헨티나 포도밭의 약 3.5%를 차지
- 가뭄 지역으로 과도한 물 스트레스를 피하기 위해 물 관개 시스템 운영
- 시라(Syrah)와 보나르다(Bonarda)로 만든 레드 와인 유명
- 모스카토 품종의 먼 사촌인 향긋한 청포도 품종인 (④ ) 생산

**Q: 살따(Salta)지역의 특징과 주요 재배 품종은?**

**A:** - 아르헨티나 북서쪽 최북단에 위치하며 세계에서 가장 고지대에 와인 산지
- 포도밭은 종종 해발 3,000미터가 조금 넘는 높은 산악 지형에 위치
- 일조량이 풍부하고 강수량이 적어 농축된 맛과 향을 가진 와인생산
- 토론테스 포도 품종의 화이트 와인
- 말벡과 카베르네 소비뇽으로 만든 레드 와인의 생산

**Q: 아르헨티나 최남단 산지인 파타고니아(Patagonia)의 지역적 특징과 주요 재배 품종은?**

**A:** - 아르헨티나 최남단에 위치하며 서늘한 기후와 일조량이 풍부한 지역
- 주요 주역은 리오 네그로(Río Negro), 네우켄(Neuquén) 및 라 팜파(La Pampa)지방
- 낮과 밤의 큰 기온 차이로 산도와 아로마를 유지하는 데 중요한 역할
- 모래와 자갈로 이루어진 배수가 잘되는 토양
- 서늘한 기후로 (⑤　) 재배에 최적지
- 메를로(Merlot), 말벡(Malbec)으로 만든 레드 와인
- 샤르도네(Chardonnay), 소비뇽 블랑(Sauvignon Blanc) 재배
- 남극에 접한 혹독한 겨울과 시원한 여름은 포도가 천천히 생장
- 신맛과 단맛의 발란스 특징

**아르헨티나 와인 산지**

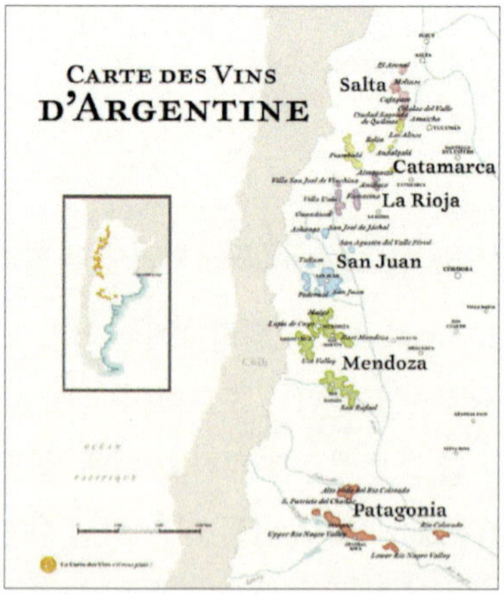


출처: https://blog.lacartedesvins-svp.com/vins-argentine/

**정답:** 1.**국내 소비** 2.**관계수로** 3.**고지대** 4.**토론테스**(Torrontès) 5.**피노 누아**(Pinot Noir)

## ● 말벡 품종 이야기

위에 링크된 영상을 시청하고 아래의 질문에 답하시오.

1. 프랑스와 아르헨티나에서 생산된 말벡 와인의 주요 차이점은 무엇인가?
2. 말벡 와인이 해충과 곰팡이에 취약하다는 점은 어떻게 해결되었나?
3. 말벡이 아르헨티나에서 재배되기 전, 프랑스에서 주로 재배되었던 지역은 어디였나?
4. 아르헨티나의 기후와 고도가 말벡 와인의 특성에 어떤 영향을 주는가?
5. 왜 말벡이 프랑스에서 인기가 줄어들었지만 아르헨티나에서 번성한 이유는?
6. 어떤 종류의 음식이 말벡 와인과 잘 어울리며, 그 이유는 무엇인가?

출처: https://youtu.be/97ynqP5itro?si=Fbu6gEOuG7lEVSLp
https://www.decanter.com/

# 4. 호주, 또 다른 신대륙

## 1) 호주 와인 개요

**Q: 호주 와인 산업의 역사와 발전 스토리는?**

A: - 1788년 첫 포도나무 도입
- 1850년대 골드러시로 인해 와인의 수요가 급증 와인 산업이 크게 발전
- 20세기 초반, 포도 재배 면적이 감소하고 와인 산업 침체기
- 1950년대와 1960년대에 와인 제조 기술과 품질이 향상되면서 산업이 회복
- 이 시기에는 많은 와인 생산자들이 프랑스와 이탈리아의 기술을 도입하여 품질 향상
- 1980년대부터 호주 와인은 세계 시장에서 인정을 받기 시작
- 특히 쉬라즈 품종을 중심으로 카베르네 소비뇽, 샤도네이 등의 품종이 세계적으로 유명
- 오늘날 와인 수출국으로서 중요한 위치를 차지

**Q: 호주를 대표하는 시라즈 (Shiraz)품종의 특징은?**

A: - 호주에서 가장 널리 재배되는 품종
- 힘있는 과일 향과 스파이시한 풍미가 특징
- 바로사 밸리(Barossa Valley)와 맥라렌 베일(McLaren Vale)에서 생산되는 시라즈는 진하고 풍부한 맛, 높은 알코올 함량, 부드러운 탄닌이 특징

**Q: 호주 생산 카베르네 소비뇽 (Cabernet Sauvignon)품종의 특징은?**

A: - 전 세계 어느 지역에서도 잘 자라는 품종으로 호주에서도 중요한 역할
- 주로 남호주 쿠나와라(Coonawarra)와 마가렛 리버(Margaret River)에서 재배
- 블랙커런트, 블랙베리, (①　), 민트, 담배, 삼나무, 토스트향 등 구조감 있는 와인
- 강한 산도와 풀바디 스타일 와인 생산
- 따뜻한 기후로 인해 과일 풍미가 풍부하고 높은 알코올 도수

## 2) 바로사에서 마가렛 리버까지: 호주 와인의 숨은 보석들

**Q: 호주의 가장 유명한 와인 산지 중 하나인 바로사 밸리(Barossa Valley)의 특징과 유명 와인 생산자는?**

A: - 남호주(South Australia)주의 애들레이드(Adelaide) 북동쪽 위치
- 19세기 초반 (② ) 이민자들에 의해 처음 와인 재배가 시작
- 온화한 지중해성 기후로, 여름에는 덥고 건조하며, 겨울에는 온화하고 습한 기후
- 토양은 모래질과 점토질 토양
- 이로 인해 포도 나무의 뿌리가 깊게 뻗어 다양한 미네랄 흡수
- 쉬라즈 (Shiraz)는 바로사 밸리의 대표 품종
- 깊고 진한 색깔, 풍부한 과일 향, 강렬한 탄닌과 숙성 잠재력
- 그르나슈, 무르베드르, 까베르네 소비뇽 등 생산
- 더운 기후로 인해 높은 알코올 함량 함유
- 펜폴즈(Penfolds)는 그란지(Grange)라는 호주 대표 와인 생산
- 피터 레만(Peter Lehmann)은 고품질의 쉬라즈와 리슬링 생산
- 야룸바(Yalumba)는 호주의 가장 오래된 가족 경영 와이너리

**Q: 헌터 밸리(Hunter Valley)의 역사와 특징은?**

A: - 뉴 사우스 웨일즈(New South Wales)주의 중부 해안 지역에 위치한 와인 생산지역
- '사냥꾼의 계곡'을 의미
- 와인 생산이 시작된 호주에서 가장 오래된 지역
- 1791년 필립(Philip) 주지사가 최초의 포도나무를 심은 지역
- 여름에는 덥고 습하며, 겨울에는 온화한 기후
- 지형은 자갈, 모래, 점토가 혼합된 토양으로 배수성이 좋아 포도 재배에 적합
- 대표 품종으로 세미용(Semillon) 생산
- 초기 영한 와인에서는 신선하고 시트러스한 향
- 숙성되면서 벌꿀과 토스트 같은 복합적인 향
- 그 외 쉬라즈(Shiraz), 샤르도네(Chardonnay)등 재배

**Q: 야라 밸리(Yarra Valley)의 기후적 특성과 주요 재배 품종은?**

**A:** - 빅토리아(Victoria)주에 위치
- 적당한 온도의 시원한 기후에 (③ )이 많은 지역
- 피노 누아와 샤도네이를 재배에 적합
- 해발 50m에서 400m까지 다양한 고도
- 고도에 따라 미세한 기후 차이 존재
- 와인 제조는 1830년대 호주에서 가장 오래된 와인 지역 중 하나
- 20세기 초반에는 쇠퇴했던 지역
- 1960년대에 다시 활성화되어 현재는 와인 생산 중요한 역할
- 주요 품종은 피노 누아와 샤르도네 품종
- 피노 누아는 라즈베리, 체리, 장미 등의 섬세한 아로마
- 샤르도네 품종으로 신선하고 미네랄이 풍부한 스타일
- 피노 누와 외에 쉬라즈, 카베르네 소비뇽 품종 재배
- 다양한 스타일의 스파클링 와인 생산
- 야라 밸리 생산자들은 유기농 같은 지속 가능한 포도 재배 농사에 집중

**Q: 남호주의 레드와인 주산지인 맥라렌 베일(McLaren Vale)지역의 특징은?**

**A:** - 남호주(South Australia) 애들레이드 남쪽에 위치
- 1838년 첫 포도나무 식재
- (④ ) 기후를 가지고 있어 포도 재배에 이상적
- 온화한 겨울과 건조한 여름은 포도가 잘 자라게 하는 조건을 제공
- 해안가와 인접해 있어 다양한 미세 기후 보유
- 신선함을 유지하면서도 풍부한 과일 향을 가진 와인 생산
- 대표 품종은 쉬라즈와 카베르네 소비뇽 유명
- 그르나슈, 템프라니요, 산지오베제 등 이탈리아 및 스페인 품종 재배

**Q: 호주 서부의 마가렛 리버(Margaret River)의 기후적 특징과 주요 와인 스타일은?**

**A:** - 호주 서부 퍼스(Perth)에서 남서쪽으로 약 270km 떨어진 곳에 위치
- 따뜻한 여름과 온화한 겨울의 해양성 기후
- 비교적 신흥 와인 산지로 1960년대에 와인 재배가 시작
- 해양성 기후로 인해 포도가 천천히 익어, 풍부한 아로마와 균형 잡힌 산도

- (⑤ ) 스타일의 와인으로 유명
- 주요 포도 품종은 까베르네 소비뇽, 메를로, 시라즈, 샤르도네, 세미용, 소비뇽 블랑 등 재배

**Q: 애들레이드 힐스(Adelaide Hills)의 산지 특성은?**

A: - 남호주(South Australia)에 위치한 주요 와인 산지
- 19세기 중반에 포도밭이 조성
- 와인 산업은 1970년대에 크게 성장
- 해발고도가 높아 서늘한 기후와 빈번한 강수
- 테루와 특징 덕분에 아로마와 산도가 뛰어난 와인을 생산
- 스파클링 와인과 피노 누와가 유명
- 주요 포도 품종은 샤르도네, 피노 누아, 소비뇽 블랑, 쉬라즈 그리고 까베르네 소비뇽 등 재배

**Q: 리슬링 품종으로 유명한 클레어 밸리(Clare Valley)의 기후와 주요 재배 품종은?**

A: - 남호주(South Australia)에 위치한 유명한 와인 산지로, 애들레이드 북쪽에 위치
- 온화한 대륙성 기후
- 낮과 밤의 큰 일교차가 포도에 강한 산도와 풍부한 아로마 부여
- 19세기 중반에 처음 포도나무 식재
- 1950년대부터 리슬링 와인으로 명성
- 해발 400m 이상의 고도에 위치
- 포도가 천천히 익어 복합적인 맛
- 석회암과 셰일 토양이 리슬링 와인의 고유한 미네랄 향을 부여
- 지역의 대표 포도 품종인 리슬링 외에 쉬라즈, 까베르네 소비뇽, 그르나슈, 메를로 등 재배

**Q: 호주 최남단의 타스메니아(Tasmania)지역와인의 특징과 주요 와인 스타일은?**

A: - 호주 본토 남쪽에 위치한 섬
- 와인 역사는 19세기 중반으로 거슬러 올라가지만, 1970년대에 본격적으로 시작
- 차가운 해양성기후로 가장 서늘한 기후를 가진 와인 생산 지역
- 포도가 서서히 익어 아로마가 복합적이고 산미가 뚜렷한 와인 생산

- 대표 품종으로 서늘한 기후에 잘 자라는 피노 누아, 리즐링, 샤르도네 등 재배
- 서늘한 기후는 고품질의 스파클링 와인 생산에 이상적
- 높은 산도와 청량하고 상쾌한 맛의 와인 생산

**호주 주요 와인 생산지역**

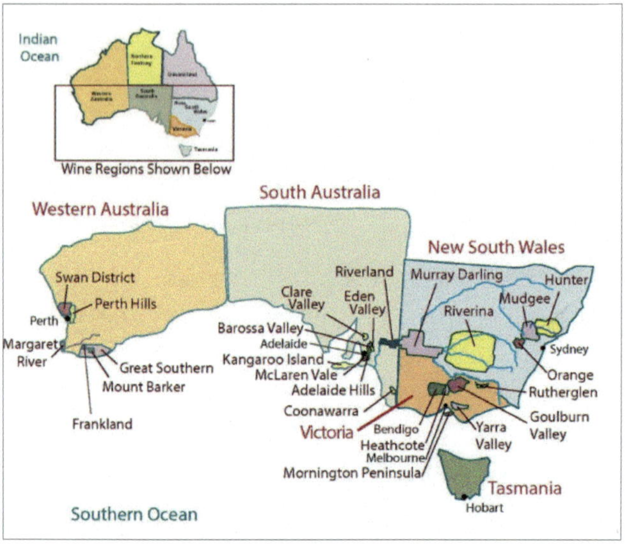


출처: https://societyofwineeducators.org/

정답 1.**유칼립투스** 2.**독일** 3.**강수량** 4.**지중해성** 5.**보르도**

## ● 호주 와인

위에 링크된 영상을 잘 시청하고 아래 제시된 질문에 답하시오.

1. 호주는 전 세계에서 어떤 포도 품종을 가장 많이 생산하고 있나?
2. 바로사 밸리가 100년 이상 된 올드 바인이 많은 이유는 무엇인가?

3. 맥라렌 베일의 기후는 어떠하며, 와인의 특징은 무엇인가?
4. 남부 빅토리아 지역은 어떤 기후 특성을 가지고 있으며, 주로 어떤 포도 품종이 재배되는가?
5. 펜폴즈 그랜지 와인의 시작은 무엇이었으며, 어떻게 유명해졌나?

출처: https://youtu.be/7XKBUVRmO90?si=z0hFTBo9zt5wxTDm
https://directory-melbourne.com/

## 5. 뉴질랜드, 쇼비뇽 블랑의 왕국

### 1) 뉴질랜드 와인 개요

**Q: 뉴질랜드 와인 산업의 시작과 변화는 어떻게 진행되었나?**

**A:** - 1819년 영국 국교회 선교사인 사무엘 마스덴(Samuel Marsden)이 호주에서 포도 묘목을 가져와 베이 오브 아일랜드(Bay of Islands)지역에 첫 포도나무 식재

- 영국인에 의해 19세기부터 와인을 생산
- 1960년대까지는 와인 산업이 여전히 작고, 주로 강화 와인을 생산
- 1970년대 들어서며 뉴질랜드 와인의 중요한 전환점이 시작
- 남섬에 위치한 말보르(Marlborough)지역의 소비뇽 블랑(Sauvignon Blanc)품종의 성공은 뉴질랜드 와인의 국제적인 인지도를 높이는 데 중요한 역할
- 1985년에 설립된 (①        )의 성공과 국제 와인 대회에서 선전으로 전 세계적으로 주목받기 시작
- 수출 시장이 급격히 확대되었고, 짧은 기간에 소비뇽 블랑 포도 품종을 중심으로

질 좋은 화이트 와인을 생산하는 국가로 주목

- 북섬과 남섬의 여러 지역에서 소비뇽 블랑을 주요 품종으로 피노 누와, 샤르도네 등 품종 식재

## 2) 말보로에서 센트럴 오타고까지: 뉴질랜드 와인의 청정 루트

**Q: 소비뇽 블랑의 성지인 말보로(Marlborough)의 역사의 특징은?**

A: - 뉴질랜드 남섬의 북동쪽 끝에 위치하며 소비뇽 블랑으로 세계적인 명성
- 1970년대에 처음으로 상업적인 포도밭 조성
- 빠르게 성장하여 현재는 뉴질랜드 와인 산업의 중심지
- 일조량이 풍부하고 강수량이 적어 포도 재배에 이상적인 조건
- 낮과 밤의 큰 일교차는 포도의 풍미와 (② )를 높이는 데 기여
- 토양은 주로 자갈과 모래로 구성
- 배수가 잘 되는 떼루와에서 포도 나무가 깊이 뿌리를 내리게 하여 힘 있는 포도를 생산
- 말보로(Marlborough) 소비뇽 블랑은 강렬한 향과 산미, 풀 향, 열대 과일, 시트러스, 허브 향 등 특징
- 최근에는 피노 누아, 샤르도네, 리슬링 등의 품종도 주목 받음

**Q: 최남단에 위치한 센트럴 오타고(Central Otago)의 특징과 주요 재배 품종은?**

A: - 뉴질랜드 남섬의 중앙에 위치
- 전 세계에서 가장 남쪽에 위치한 서늘한 기후의 와인 생산지
- 1980년대부터 와인생산 시작
- 뉴질랜드 유일의 (③ )로, 일조량이 풍부하고 큰 일교차
- 여름에는 덥고 건조하며, 겨울에는 춥고 서리가 끼는 것이 특징
- 토양은 주로 충적토와 빙하 퇴적물로 구성
- 석회질, 셰일, 사암 등의 다양한 지층을 포함
- 피노 누아(Pinot Noir)가 유명하며 진한 과일 향, 부드러운 타닌, 균형 잡힌 산도 그리고 체리, 자두, 딸기 등의 붉은 과일 향과 함께 스파이시한 노트가 특징
- 이 외에도 샤르도네, 리슬링, 피노 그리 등 생산

**Q: 북섬에 위치한 혹스 베이(Hawke's Bay)의 떼루와와 품종은?**

**A:** - 뉴질랜드 북섬의 (④ )에 위치

- 뉴질랜드에서 두 번째로 큰 와인 생산지
- 1850년대 시작된 뉴질랜드에서 가장 오래된 와인 생산지
- 오랜 전통과 현대적 기술이 결합 된 와인 생산지
- 해양성 기후로, 일조량이 풍부하고 강수량이 적어 포도 재배에 적합
- 뉴질랜드에서 가장 더운 지역
- 토양은 자갈, 사암, 점토, 석회질 등이 혼합된 구조
- 까베르네 소비뇽, 메를로, 카베르네 프랑 등의 품종으로 보르도 스타일의 블렌딩 와인
- 쉬라즈(Shiraz) 품종으로도 풍부한 과일 향, 강한 구조감과 복합적인 풍미의 레드 와인을 소량 생산
- 청포도 품종으로는 샤르도네, 소비뇽 블랑, 피노 그리 등 생산
- 아로마틱한 게뷔르츠트라미너, 리슬링, 비오니에 등도 생산

## 3) 와이라라파(Wairarapa)

**A: – 뉴질랜드 북섬의 남쪽 끝에 위치**

- 주요 와인 생산지는 산지의 중심인 마틴버러(Martinborough), 그래드스톤(Gladstone), 마스터톤(Masterton) 등
- 뉴질랜드 총 생산량의 약 3%를 생산하는 소규모 지역
- 특히 (⑤ )와 아로마틱한 화이트 와인으로 유명
- 와인 생산은 19세기 후반에 시작
- 마틴버러는 1970년대에 상업적인 포도밭이 조성된 와인 산업의 중심지이며 피노 누아의 성지
- 와인 메이커들의 혁신적이고 실험적인 접근으로 고품질 와인을 생산
- 대륙성 기후로, 여름에는 따뜻하고 건조하며, 겨울에는 춥고 서리가 끼는 것이 특징
- 토양은 주로 자갈과 점토가 혼합된 구조로 배수 원활
- 피노 누아로 생산한 와인은 풍부한 과일 향, 실키한 타닌, 균형 잡힌 산도에 레드계열 과일 향, 흙 내음, 스파이시한 노트가 특징
- 청포도 품종으로 샤르도네, 소비뇽 블랑, 리슬링, 피노 그리 등 생산

**Q: 남섬의 넬슨(Nelson)산지의 역사와 특징은?**

**A:** - 뉴질랜드 남섬 북쪽 끝에 위치
- 이민자들이 1800년대 중반에 최초의 포도 나무를 심어 와인을 생산
- 기후는 해양성 기후로, 온화하고 일조량이 풍부
- 토양은 자갈이 많은 충적토이며, 포도나무의 뿌리 발달과 배수에 좋은 영향
- 신선하고 과일향이 풍부한 화이트 와인과 우아한 레드 와인으로 주목
- 주요 포도 품종은 피노 누아, 소비뇽 블랑, 샤르도네, 리슬링 등 품종

**Q: 남섬에 위치한 와이파라 밸리(Waipara Valley)의 기후 특징과 주요 품종은?**

**A:** - 뉴질랜드 남섬의 캔터베리(Canterbury) 지역에 위치
- 1970년대 후반부터 상업적인 와인 생산이 시작
- 1990년대부터 급속히 발전
- 온화한 해양성 기후와 대륙성 기후의 특징
- 여름은 따뜻하고 건조하며, 겨울은 서늘한 기후
- 토양은 석회암, 점토, 자갈이 섞인 토양 구조
- 아로마틱하고 과일향이 풍부한 화이트 와인으로 유명
- 주요 품종은 리슬링과 피노 누아
- 복합적인 미네랄 향과 높은 산미가 특징

**Q: 샤르도네로 유명한 기스본(Gisborne)의 역사와 특징은?**

**A:** - 뉴질랜드 북섬의 동쪽 해안에 위치
- 가장 먼저 일출을 맞이하는 지역으로 이른 포도 수확
- 1850년대부터 와인 생산 시작
- 1960년대 이후 현대적인 와인 산업으로 발전
- 대규모 상업적 와이너리부터 소규모 부티크 와이너리 존재
- 뉴질랜드 샤르도네(Chardonnay)의 수도
- 풍부하고 풀 바디의 화이트 와인으로 유명
- 온화하고 따뜻한 해양성 기후에 풍부한 일조량
- 비옥한 충적토와 점토질 토양에 미네랄 성분 포함
- 대표 품종 샤르도네 그리고 뷜러 투르가우, 소비뇽 블랑, 피노 그리, 비오니에 등으로 신선하고 아로마틱한 화이트 와인 생산
- 메를로와 시라즈 등의 레드 품종 생산도 증가하는 추세

뉴질랜드 와인생산지역

출처: https://fr.dreamstime.com/

정답: 1.클라우디 베이(Cloudy Bay) 2.산도 3.대륙성 기후 4.동쪽 해안 5.피노 누아

## ● 뉴질랜드 와인

위에 링크된 영상을 잘 시청하고 아래의 질문에 답하시오.

1. 뉴질랜드 남섬과 북섬의 기후 차이가 와인 특성에 어떤 영향을 주나?
2. 뉴질랜드의 대표적인 와인 품종인 소비뇽 블랑의 주요 특징은 무엇인가?
3. 뉴질랜드 소비뇽 블랑의 독특한 풍미를 유지하기 위해 어떤 생산 방식을 사용하나?
4. 뉴질랜드에서 피노 누아는 주로 어느 지역에서 재배되나?
5. 뉴질랜드의 샤르도네 와인의 특징은 무엇인가?
6. 최근 뉴질랜드에서 주목받고 있는 화이트 와인 품종들은 무엇인가?
7. 뉴질랜드의 북섬에서는 어떤 레드 와인 품종들이 주로 생산되나?

출처: https://youtu.be/NCl_JjVeMZY?si=jZI9ksB3cxHkzW4P
https://www.explorateurdevins.com/

## 6. 남아프리카 공화국, 와인의 오아시스

### 1) 남아프리카 공화국 와인 개요

**Q: 초기 남아프리카 공화국 와인산업의 시작과 발전의 계기가 된 역사적 사실은?**

**A:** - 남아프리카 공화국 와인 역사의 시작은 17세 네델란드 (① )의 진출과 관련
- 17세기 후반 스텔렌보스(Stellenbosch) 지역에 거대한 포도원 조성으로 남아프리카 와인 산업이 본격적으로 발전
- 17세기 후반 프랑스의 위그노(Huguenots)들이 종교적 박해를 피해 이주
- 이들은 와인 양조 기술을 전파 프랑스 품종의 포도나무를 도입
- 19세기 초반, 영국의 지배 이후 와인 수출 증가와 기술 발전

- 1918년, 남아프리카 국영 와인 농업 협동조합(KWV) 설립으로 와인 품질 관리 시스템 강화
-1994년 아파르트헤이트가 종식된 후, 남아공 와인 산업은 다시 국제 시장에 진출

**Q: 남아프리카 공화국에서 개발된 피노타지(Pinotage)품종의 역사와 특징은?**

A: - 20세기 초 스텔렌보스 대학교의 교수인 아브라함 이자크 페롤드(Abram Izak Perold)에 의해 개발
- 피노 누아(Pinot Noir)와 생소(Cinsault)품종을 교배하여 탄생
- 피노 누아의 "Pinot"와 생소의 다른 명칭인 에르미타주(Hermitage)에서 "Tage"를 결합한 명칭
- 1941년 첫 번째 피노타지 품종 와인 상업적 생산
- 현재 피노타지는 남아프리카를 대표하는 아이콘으로 품종으로 성장
- 풍부하고 강렬한 맛과 부드러운 탄닌에 미디움에서 풀바디의 질감
- 체리, 자두, 블랙베리, 스모키한 향, 흙 내음, 가죽 향, 커피, 초콜릿 풍미

## 2) 스텔렌보스에서 컨스탄시아까지: 케이프타운 와인 여행

**Q: 남아프리카 공화국의 와인산지는 와인 생산량의 약 95% 이상을 점유하고 지중해성 기후인 웨스턴 케이프(Western Cape) 타운을 중심으로 배치되어 있다. 남아공 와인의 고유한 테루아(Terroir)를 형성하는 특징은?**

A: - 와인 산지의 기후는 여름은 덥고 건조하며, 겨울은 온화하고 습한 지중해성 기후로 이상적인 환경을 제공
- 대부분의 와인 산지들은 해안가에 위치
- 남극에서 올라오는 차가운 (② )는 해안 지역의 기온을 조절
- 차가운 해류는 해안가에 안개를 형성하여 태양의 직사광선을 차단
- 포도에 더 복합적인 풍미와 높은 산도를 부여
- 남극에서 불어오는 남동풍(South-Easter)은 남아프리카의 주요 와인 산지인 스텔렌보스(Stellenbosch), 팔(Paarl), 프란스후크(Franschhoek) 등에 영향
- 차가운 바람은 포도 밭의 온도 조절, 공기 순환으로 곰팡이와 병충해 방지
- 남아공 대부분의 와인 산지들은 화강암과 사암 토양으로 구성
- 토양은 포도나무 뿌리가 깊이 뻗을 수 있어 미네랄과 양분 흡수
- 일부 지역은 점토와 석회질 토양이 혼합

**Q: 남아공 와인 산업의 중심지인 스텔렌보스(Stellenbosch)의 역사와 특징은?**

**A:** - 웨스턴 케이프(Western Cape)지역에 위치
- 17세기 후반에 네덜란드 식민지 개척자들이 처음으로 포도나무를 식재
- 지중해성 기후를 가지고 있으며, 따뜻한 여름과 온화한 겨울이 특징
- 바다에서 불어오는 시원한 바람과 높은 일조량
- 풍부한 아로마와 맛 형성
- 토양은 매우 다양하며, 화강암, 사암, 점토 등이 혼합된 토양
- 주요 포도 품종은 까베르네 쇼비뇽, 슈냉 블랑 그리고 남아공 고유 품종인 피노타지(Pinotage) 그 외 시라즈, 메를로, 샤르도네 등 재배
- 레드 와인은 풍부하고 강렬한 맛을 가지고 있으며, 화이트 와인은 신선하고 과일향이 가득한 특징

**Q: 프렌치 전통이 살아있는 프란스후크 (Franschhoek)지역의 역사와 특징은?**

**A:** - 17세기 말 프랑스 루이 14세의 (③     )에 따라 위그노 교도들이 정착
- 웨스턴 케이프(Western Cape)산지의 남동쪽에 위치
- 프란스후크(Franschhoek) 지명의 유래는 네덜란드어로 '프랑스 구석'을 의미
- 지중해성 기후를 가지고 있으며, 따뜻한 여름과 온화한 겨울이 특징
- 주변 산맥 덕분에 미세기후가 다양하여 다양한 품종의 포도 재배
- 스파클링 와인과 화이트 와인으로 유명
- 주요 포도 품종은 소비뇽 블랑, 샤르도네, 까베르네 소비뇽, 메를로, 시라즈, 피노누와 등 다양한 레드와 화이트 품종 재배

**Q: 오래된 와인 산지인 컨스탄시아(Constantia)의 역사와 특징은?**

**A:** - 케이프 타운(Cape Town)의 남쪽, 테이블 마운틴(Table Mountain)의 동쪽 경사면에 위치
- 남아프리카 공화국에서 가장 오래된 와인 산지로 전통과 역사를 자랑
- 17세기 후반 시몬 반 데르 스텔(Simon van der Stel) 총독이 이 지역에 포도원을 설립
- 약 500 헥타르의 면적으로 작은 규모
- 기후와 지형은 해양성 기후를 가지고 있으며, 시원한 해풍과 온화한 기온이 특징
- 기후 조건은 포도가 천천히 익는 완숙 과정을 돕고, 복합적인 향과 맛을 가진 와인을 생산

- 주요 포도 품종은 이 지역의 대표적인 품종인 소비뇽 블랑, 샤르도네그리고 시라즈와 유명한 스위트 와인인 뱅 드 꽁스탕스(Vin de Constance)를 만드는 뮈스카 블랑 등

**Q: 팔(Paarl)지역의 역사와 특징은?**

**A:** - 웨스턴 게이프(Western Cape) 지방에 위치
- 케이프(Cape Town)에서 북동쪽으로 약 60km 거리에 위치
- 17세기 후반 네덜란드 식민지 개척자들이 이 지역에 포도나무를 심으면서 와인 생산 시작
- 팔(Paarl) 지명은 네덜란드어로 (④ )를 의미
- 지중해성 기후, 더운 여름과 온화한 겨울이 특징
- 비교적 더운 기후로 인해 적포도 품종 주재배
- 토양은 화강암 기반의 점토질
- 주요 포도 품종은 까베르네 소비뇽, 시라즈, 피노타주 그리고 청포도 품종은 샤르도네, 슈넹 블랑 등
- 강렬하고 풍부한 맛의 레드 와인과 신선하고 과일향이 가득한 화이트 와인이 생산
- 스파클링 와인도 일부 와이너리에서 생산

**Q: 스와트랜드(Swartland)산지의 특징과 주요 품종은?**

**A:** - 웨스턴 케이프(Western Cape) 지역의 케이프 타운(Cape Town)에서 북쪽으로 약 65km 거리에 위치
- 전통적인 밀 생산지역이었던 곳으로 건조하고 더운 지중해성 기후
- 스와트랜드(Swartland)의 지명은 네델란드어로 '검은 땅' 이라는 의미
- 토양은 주로 편암, 사암, 화강암 및 철분이 풍부한 토양으로 구성
- 포도나무가 깊은 뿌리를 내리고 (⑤ )가 높은 포도를 생산
- 주요 포도 품종은 시라즈, 슈넹 블랑, 그르나쉬, 무흐베드르, 생소 등 재배
- 가벼우면서도 향이 풍부한 레드 와인을 생산
- 자연주의 와인 메이킹 기법

### 남아프리카 공화국 와인생산지역

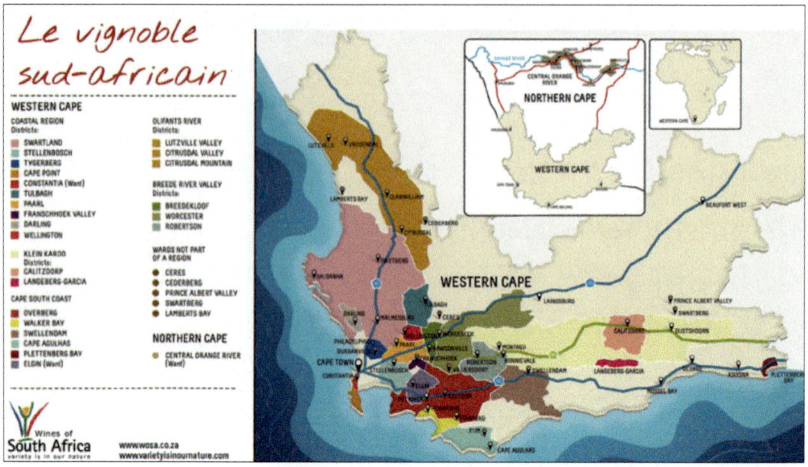


출처: https://www.estate-selection.com/

정답: 1.동인도회사 2.벵겔라 해류(Benguela Current) 3.개신교 금지령 4.진주 5.미네랄리티

## ● 남아프리카 공화국 와인

위에 링크된 영상을 잘 시청하고 아래 질문에 답하시오.

1. 남아프리카 공화국의 와인 역사는 언제부터 시작되었나?
2. 남아프리카 공화국 최초의 와이너리로 알려진 곳의 이름은 무엇인가?
3. 남아프리카 공화국의 와인 산업이 세계 시장에 본격적으로 진출하게 된 계기는 무엇인가?
4. 남아프리카 공화국에서 가장 많이 재배되는 화이트 포도 품종은 무엇인가?
5. 피노타지는 어떤 포도 품종들을 교배해 만들어졌나?
6. 남아프리카 공화국 와인 중 'Estate Wine'이란 무엇을 의미하나?

출처: https://youtu.be/BCeW7vLkmW0?si=Vh92FOEEnmGeBlHg
https://afriquedusud-decouverte.com/

# ● 참고문헌

## 1. 국내 문헌


강수현 옮김, 프랑스 와인 수업(2021), 한스미디어.

강수연 옮김(2020), 교양으로서의 와인, 그린쿡

고종원 · 김기환 · 김재희 · 이정훈 · 홍정화(2013), 세계 와인과의 산책, 대왕사.

김대철(2009), 와인과 포도, 한올출판사.

김수연 옮김, 한눈에 보는 와인(2021), 시그마북스.

김일만 옮김, 와인 심플(2020), 사그마북스.

김상진(1999), 음료 서비스 관리론, 백산 출판사.

김준철(1997), 와인 알고 마시면 두 배로 즐겁다, 세종서적.

김준철(2003), 와인, 백산출판사.

김준철(1997), 국제화시대의 양주상식, 노문사.

김춘호 · 이상준(2014), 와인 소믈리에 실무, 새로미.

김희수 · 전홍진(2003), 생활 속에서 만나는 와인 이야기, 시공사.

김혁(2001), 김혁의 프랑스 와인 기행, 세종서적.

김혁(2004), 김혁의 프랑스 와인명가를 찾아서, 세종서적.

남택영(2016), 와인 앤 소믈리에, 새로미

박재화박찬규 옮김(2000), 창해ABC북 와인, 창해. · 이정옥 공역(2009), 부르고뉴 와인, 바롬웍스.

박인규(2005), 소믈리에 실무, 대왕사

류철 · 최성만(2005), 와인 이야기, 현학사.

마이클 슈스터(2007), 와인 테이스팅의 이해, 바롬웍스.

서한정 편역(2003), 와인 에센셜, 아카데미북.

서지희 옮김(2018), 내추럴 와인, 한스 미디아

손진호 · 이은희 공역(2004), 매혹적인 와인의 세계, 예경.

손진호 · 이효정 공역(2007), 와인 테이스팅의 이해, 바롬웍스.

손진호 외 공역(2007), 로버트 파커의 보르도 와인, 바롬웍스.

장홍(1998), 문화를 포도주 병에 담은 나라 프랑스, 도서출판 고원.

정수경 옮김(2001), 오즈 클라크의 와인 이야기, 푸른길.

조영현(2012), The WINE, 백산출판사.

이보미(2022), 와인 올 더 타임, 티나.

이순주 역(2004), 와인 입문 교실, 백산출판사.

이순주 · 고재윤 역(2001), 뉴밀리엄시대의 와인소믈리에 경영실무, 백산출판사.

이주호(1999), 이제는 와인이 좋다, 바다출판사.

이은선 옮김(2002), 와인의 역사, 시공사.

이석현 · 김의겸 · 김종규 · 김학재 · 김선일(2007), 조주학개론 현대칵테일과 음료이론, 백산출판사.
이주호(1999), 이제는 와인이 좋다, 바다출판사.
이준재 · 안성근(2012), 와인의 세계와 소믈리에, 대왕사.
와타나베 준코, 고급와인(2021), 그린쿡
유영훈 옮김(2008), 매트 스키너의 캐주얼 와인북, 세종서적.
원홍석 · 전현모 · 권지영(2012), 와인과 소믈리에, 백산출판사.
정수경(2001), 오즈 클라크의 와인 이야기, 푸른길.
정미나 옮김(2014), 와인 바이블, 한스 미디어.
차승은 번역(2020), 와인 폴리: 매그넘 에디션, ㈜ 영진닷컴
케빈 즈랠리(2013), 와인바이블, 한스미디어.
최인섭(2017), 음료학 입문, 현우사.
최인섭 · 강영욱(2008), 주장관리론, 대왕사.
최인섭 편저(2002), 프랑스조리실무용어, 대왕사.
케빈 즈랠리(2013), 와인 바이블, 한스미디어.
한복진 · 신현섭 옮김(2001), 한손에 잡히는 와인, Cookand.

## 2. 국외 문헌

Christian Flaceliere, 100 menu autour d'un Vin, Solar, 1999, p.95.
Ed McCarthy et Mary Ewing-Mulligan, Le vin pour les nuls, Sybex, 1998, pp.13-143.
Encyclopédie des fromages, Gründ, 1997, pp.29-67.
Gérard Debuigne, Dictionnaire des vins, Larousse, 1992, pp.354-357.
P. Dussert-Gerber, Guide des Vins d'Europe, Alain Michel, 1992, pp.249-263.

## 3. 관련 사이트

http://www.aromes-de-vin.com/
http://www.boozenews.com/
http://bartendersassociation.com/
http://www.bestwine.co.kr
http://www.blogyourwine.com/
http://www.bloomberg.com
www.cellartours.com
http://www.chateauloisel.com/
http://cave-coupe-dor.eklablog.com/
http://www.chateau-mouton-rothschild.com/
http://www.conchaytoro.com/

https://dico-du-vin.com/
http://www.diogene-atmosphere.com/
http://design-your-dreams.over-blog.com/
https://en.wikipedia.org/
http://www.fouduvin.ca/
http://www.hainaut-terredegouts.be/
https://www.hominides.com/
http://www.hotelelite.it
http://www.idealwine.net/
http://jacksonvillewineguide.com/
http://www.le-vin-pas-a-pas.com/
http://www.lopezdeheredia.com/
http://www.nadalie.com/oak-wood-toasting.php
http://photo.le-bourguignon.fr/
http://www.riedel.com/
http://www.seoulwine.com
http://www.shindongwine.co.kr
http://www.tante-emma-laden.fr/
http://technoresto.org/
http://www.vin-vigne.com/
https://www.vpmerchants.com/
http://wine-and-bubbles.com/
http://www.westpointmarket.com
http://www.winefood.co.kr
http://www.winefolly.com
http://www.wine-academy.wiine.me/
http://wakawakawinereviews.com/
http://www.wineshop.co.kr
http://www.wineenthusiastmag.com
http://www.wine21.com/
https://www.wineandi.wordpress.com/
http://www.wineenthusiastmag.com
http://www.winenara.com
http://www.wine-searcher.com/
http://www.wineseoul.co.kr

## 저자소개

### 최인섭

- 프랑스 국립 Toulouse 대학교 석사(MAITRISE)
- 프랑스 국립 Toulouse 대학교 초급박사과정(D.E.A)
- 프랑스 국립 Toulouse 대학교 박사(DOCTORAT NOUVEAU REGIME)
- 프랑스 파리 L'Ecole Le Cordon Bleu 수확
- 프랑스 파리 Ritz-Escoffier Ecole de Gastronomie Française 수학
- AHLA(미국호텔협회) 인증 Wine Sommelier
- CIVB Bordeaux Wine Course 수료
- 현, 극동대학교 호텔관광경영학과 교수

# 소믈리에 개론

2024년 8월  5일 초판 인쇄
2024년 8월 10일 초판 발행

저　　자 최인섭
발 행 인 배영환
발 행 처 도서출판 현우사
등록번호 제10-929호
주　　소 서울시 영등포구 영중로 138-1(영등포동 8가 80-2)
드림프라자 B 901호
Tel 02) 2637-4806, 4863 Fax 02) 2637-4807
홈페이지 www.hyunwoosa.co.kr
E-mail okpress1208@naver.com
정　　가 20,000 원
I S B N 978-89-8081-195-3 93590